Nordrhein-Westfälische Akademie der Wissenschaften

Geisteswissenschaften Vorträge · G 417

Herausgegeben von der
Nordrhein-Westfälischen Akademie der Wissenschaften

BERNHARD GROSSFELD

Ordnungsgesänge: Interkulturelle Begegnung

Ferdinand Schöningh

Paderborn · München · Wien · Zürich

501. Sitzung vom 18. Juni 2008 in Düsseldorf

Bibliografische Information der Deutschen Nationalbibliothek

Die Deutsche Nationalbibliothek verzeichnet diese Publikation in der Deutschen Nationalbibliografie; detaillierte bibliografische Daten sind im Internet über http://dnb.d-nb.de abrufbar.

Gedruckt auf umweltfreundlichem, chlorfrei gebleichtem und alterungsbeständigem Papier ♾ ISO 9706.

(Verlag Ferdinand Schöningh GmbH & Co. KG, Jühenplatz 1, D-33098 Paderborn)

Internet: www.schoeningh.de

Printed in Germany. Herstellung: Ferdinand Schöningh, Paderborn

ISBN 978-3-506-76696-0

Ordnungsgesänge: Interkulturelle Begegnung[1]

von *Bernhard Großfeld*, Münster

„Wovon man nicht sprechen kann, davon kann man singen“[2].

Der Vortrag behandelt am Beispiel Australiens die Beziehungen zwischen Geographie und Rechtszeichen. Im Mittelpunkt stehen die traditionellen Ordnungsgesänge der australischen Ureinwohner: Sie sind „gesungene Grundbücher“ und legen in ganz unterschiedlichen Sprachen die Grenzen zwischen den ca. 260 Stämmen fest. Seit 1992 erkennen die Gerichte sie als Rechtsquellen an.

Pionierarbeit leisteten der lutherische Missionar Carl Strehlow (1871-1922) und sein Sohn Professor Theodor Strehlow (1908-1978). Sie ebneten den Weg für die Einsicht, dass die Gesänge und Rituale der Aborigines mehr sind als anthropologische Kuriositäten.

Der Vortrag schildert die bitteren Wege des Erkennens, den dafür zu zahlenden hohen persönlichen Preis und den Durchbruch in das moderne Recht. Das Strehlow Research Center in Alice Springs, Northern Territory, hält die Erinnerung daran wach. Es ist allerdings in wesentlichen Teilen nur zugänglich für Aborigines.

A. EINLEITUNG

„La vida es sueño“[3].

Den Rechtsvergleicher im Internationalen Wirtschaftsrecht treibt die Frage, ob es universale Grundlagen menschlicher Ordnung gibt, einer Ordnung, die wir „Recht“ nennen. Wie entstehen gesellschaftliche Strukturen aus dem Chaos, als das uns die Welt erscheint? Welche Rolle spielen Datenstrukturen, spielen

[1] Der Vortrag verdankt viel den beiden Aufsätzen: Bernhard Grossfeld/Josef Hoeltzenbein, Poetic Legal Dreams: Cross-Cultural Pioneers, American J. Comparative L. 55 (2007) 47; dies., Geo-Songs: Modern Land Rights, Rechtstheorie 37 (2006) 443

[2] Mladen Dolar, His Master's Voice. Eine Theorie der Stimme, Frankfurt/M. 2007, S. 45

[3] Pedro Calderón de la Barca, 1600-1681, „Life is a Dream“.

Schrift, Zahlen, Poesie und Musik[4]? Das fragte vor jetzt 120 Jahren Josef Kohler in seinem Aufsatz „Das Recht der Australneger“[5]. Er sah Poesie und Recht in einem engen Zusammenhang. Ich erinnere an sein Buch „Shakespeare vor dem Forum der Jurisprudenz“[6] aber auch an den Aufsatz „Fausts Pakt mit Mephistopheles in juristischer Bedeutung“ [7]. Manche nannten ihn deswegen *„[Kaiser] Wilhelms größten Kohler!“*[8]. Im Ausland gilt er neben Friedrich Karl von Savigny und Rudolf von Ihering als einer der größten deutschen Juristen.

An diese Zusammenhäng erinnerte mich in Australien das Werk von Carl Strehlow, eines lutherischen Missionars in Zentral-Australien (Northern Territory). 1907, also vor hundert Jahren, erschien in Frankfurt/M. der erste Teil seines großen Werkes. 1971 folgte das Schlüsselwerk seines jüngsten Sohnes Theodor Strehlow. Über beider Bücher und deren Folgen für das australische Bodenrecht möchte ich heute berichten[9].

B. POESIE UND RECHT[10]

„Row, row, row the boat
Gently down the stream.
Merrily, merrily, merrily,
Life is but a dream“.

Poesie gilt nicht als ein Feld für Juristen[11], jedenfalls scheint sie für deren Arbeit nicht wichtig zu sein[12]. Angesichts der viel gepriesenen „juristischen Logik“ verwundert das nicht: Gedichte sind unpräzise. „Schlimmer“ noch:

4 Dazu ausführlich Bernhard Grossfeld/Jack Hiller, Music and Law, International Lawyer 42 (2008) erscheint demnächst; Peter Henry, Aesthetics, Culture, and the Whole Damn Thing, Law & Literature 15 (2003) 295; Peter Wolrich, Wagner's Ring Interrelated in Light of Legal Principles, Law & Literatur 14 (2002) 229

5 ZVglRWiss 7 (1887) 321. Zum allgemeinen anthropologisch rechtsvergleichenden Hintergrund der Zeit Margitta Boin, Die Erforschung der Rechtsverhältnisse in den „Schutzgebieten“ des Deutschen Reiches, Muenster 1996; Bernhard Großfeld (Hrsg.), Rechtsvergleicher – verkannt, vergessen, verdrängt –, Münster 2000

6 1883

7 Goethe-Jahrbuch 24 (1903) 119

8 Bernhard Großfeld/Ingo Theusinger, L'oeuvre de Josef Kohler, Droit et Cultures, 41 (2001) 167

9 Einen Überblick über die Grundlagen des australischen Rechts findet man in Christian Hofmann, Australisches Vertragsrecht: Eine Einführung unter besonderer Berücksichtigung der Rechtsquellenlehre, ZVglRWiss 104 (2005) 395

10 Bernhard Großfeld, Poesie und Recht – Rechtsvergleichende Zeichenkunde, Paderborn 2005; ders., Rechtsvergleichende Poetik, ZVglRWiss 105 (2006) 343

11 Vgl. Ina Ruselle Warren (ed.), The Lawyer's Alcove: Poems by the Lawyer, for the Lawyer and about the Lawyer, New York 1900/Buffalo 1990

12 Dazu David Lehman, The Sound of Poetry, Wall Street J. Europe, April 7 – 9, 2006, p. W 19

Man kann sich an ihnen erfreuen bevor man sie versteht. Sie laufen dem Denken voraus und überdauern die Bedeutung, die wir ihnen zulegen; sie entgehen unserer hermeneutischen Kontrolle[13]. Wir stürzen jedoch in Zweifel an unserer Methode, wenn wir erfahren, dass 1743 in London ein Buch erschien mit dem Titel „The Reports of Sir Edward Coke, Kt. in Verse". Edward Coke lebte von 1552-1634; er gilt als *„the embodiment of the Common law*".

1821 lesen wir bei Percy Shelley (1792-1822)[14]: *„Poetry, in a general sense may be defined to be ‚the expression of the imagination': and poetry is connate with the origin of man*". Er meint, dass „those laws from which as from its elements society results, begin to develop themselves from the moment that two human beings coexist".

Shelley sieht die Verbindung zwischen Vernunft und Phantasie *„as the instrument to the agent, as the body to the spirit, as the shadow to the substance*"[15]:

> „Hence men ...observe a certain order in their words and actions, distinct from that of the objects and the impressions represented by them, all expression being subject to the laws of that from which it proceeds".

Schaut man tiefer, so zeigt sich, dass Leben und Poesie miteinander verknüpft sind durch Verbindungen unterhalb der Oberfläche[16]: Wir verstehen das eine durch das andere[17]. Das leitet über zu Musik[18] und zu Gesängen[19] im Recht. Die Wörter „nomos" und „carmen" bezeichnen zugleich Gesetz und Lied: Das Lied als Gesetz! Die Sprache des altarabischen Rechts war die *„Sprache der Dichter*"[20]; im alten Griechenland *„sang*" die Poesie das Gesetz[21]. Der Kantor in der Synagoge vermittelt die nicht geschriebenen Vokale des göttlichen Gesetzes und damit dessen „Geist". Poesie und Recht sind laut Jakob Grimm *„aus einem bette aufgestanden*"[22].

13 Vgl. J:W.Konst, Poezie is gevaerlijk of zij is geen poezie, Nederlands Letterkunde 112 (2007) 1

14 1792-1822

15 Percy Shellley, A Defence of Poetry, in: Shelley's Poetry and Prose (Donald H. Reiman/Sharon B. Powers, Hrsg.), New York 1977, p. 480

16 Eberhard Freiherr von Künßberg, Rechtsverse, Neue Heidelberger Jahrbücher 1933, S. 90; Sulamit Almog, Windows and ‚Windows': Reflections on Law and Literature in the Digital Age, U. of Toronto L. J. 57 (2007) 755; Todd Henderson, Citing Fiction, The Green Bag 11 (2008) 171

17 Theodore Strehlow, The Songs of Central Australia, Sydney 1971, S. 243;

18 Dazu Leonhard Meyer, Emotion and Meaning in Music, Chicago 1959; Diana Deutsch, The Psychologie of Music, New York 1992

19 Andrea Dennis, Poetic (In)Justice? Rap Music Lyrics as Art, Life, and Criminal Evidence, Columbia J. of Law and the Arts 31 (2007) 1

20 Werner Reinert, Das Recht in der Altarabischen Dichtung, Diss. Köln 1963, S. 2

21 Marie Theres Fögen, Das Lied vom Gesetz, München 2007, S. 122

22 Jakob Grimm, Von der Poesie im Recht, Zeitschrift für geschichtliche Rechtswissenschaft 2 (1816) 25, 27. Zum weiteren Hintergrund Harlinda Lox/Sabine Lutkat/Dietrich Kluge (Hrsg.),

Menschen folgen Rythmen, z. B. dem Atemrhythmus, ahmen natürliche Vorgänge nach, in denen sie Ordnungsmuster (z. B. Datenstrukturen) finden. Sie tun das *„in the motions of the dance, in the melody of the song, in the combinations of language“*[23]. Die Regeln dafür haben ihren Halt in der Metrik wie in einer Zauberkraft. Dichter werden durch ihre metrische Sprache *„the institutors of laws and the founders of civil society“*[24]. Dahinter steht wohl eine „Wahrheitshoffnung“, die Paul Celan so ausdrückt: *„Nur wahre Hände schreiben wahre Gedichte“*[25].

C. CARL STREHLOW/THEODOR STREHLOW[26]

> „Alle Kenntnis der Dialecte wilder Stämme verdanken wir hauptsächlich, oft auch ganz allein den Missionaren“[27].

Wie Sprachbilder, rhythmische Dichtung und Musik Lebensmuster schaffen, erfahren wir, wenn wir die australischen Ureinwohner (Aborigines) besuchen und ihrer Kultur vor Ort begegnen[28]: Wir erkennen die dichterisch-musikalische Natur von Ordnung in ihren Anfängen[29].

Zwei Deutschstämmige öffneten uns in Hermannsburg die Tür zu diesem „Heiligtum“ der „Ordnungsgesänge“: Carl Strehlow (1871-1922) und Theodor Strehlow (1908-1978). Der lutherische Missionar Carl leistete die Pionierarbeit als ein *„venture of faith“*[30] – gegen viele Widerstände und bittere Kritik. Theodor war der erste Weiße, dem „Arrente“ (Aranda) zur Muttersprache wurde. Die Aborigines (Arrentes, Arandas) waren seine Spielgefährten, wurden seine

Dunkle Mächte im Märchen und was sie bannt – Recht und Gerechtigkeit im Märchen, Krummwisch 2007; Barbara Beier, Der nicht natürliche Tod und andere rechtsmedizinische Sachverhalte in den deutschen Volksmärchen, Diss. Berlin 2997

23 Theodor Strehlow, Songs (oben Fn. 17) S. 481

24 Ibid. S. 482

25 Zit. nach Harald Hartung, Ein Unterton von Glück, Göttingen 2007, S. 13

26 Dieser Teil verdankt viel Sam D. Gill, Storytracking, New York/Oxford 1998, p. 43ff.

27 M. Müller, Vorlesungen über die Wissenschaft der Sprache, 1863, S. 48; Lectures on the Science of Language, London 1873, zitiert von Walter F. Veit, Labourers in the Vineyard or the Uneducated Missionary, in: Strehlow Conference 2002, Traditions in the Midst of Change: Communities, cultures and the Strehlow legacy in Central Australia, Alice Springs 2004, S. 136.

28 Dazu Arch Grant, Aliens in Arnhem Land, Darwin 1995

29 Aline Scott-Maxwell/John Whiteoak, Aboriginal Influences, in: Currency Companion to Music & Dance in Australia, John Whiteoak/Aline Scott-Maxwell (Hrsg.), Sydney 2003, S. 20

30 P. A. Scherer, Venture of Faith – An Epic in Australian Missionary History, 2. Aufl., Adelaide 1971

Partner im Lernen, nicht „Studienobjekte“[31]. Vater und Sohn ebneten den Weg für die Einsicht, dass die Gesänge und Rituale der Ureinwohner mehr waren als anthropologische Kuriositäten. Von 1907 bis 1922 veröffentlichte Carl Strehlow „Die Aranda- und Loritja-Stämme in Zentral-Australien“. 1971 erschien Theodor Strehlows wunderbares Buch „The Songs of Central Australia“. Als Rechtsvergleicher waren sie beide lange verkannt, vergessen, verdrängt[32].

Heute möchte ich sprechen über ihre Anfänge als Forscher, ihre Erfolge und die Preise, die sie zahlen mussten für ihren Mut als Pioniere. Ich möchte auch andeuten die Verknüpfungen ihrer Arbeit mit deutscher Geschichte.

D. HERMANNSBURG/ZENTRAL-AUSTRALIEN[33]

> „If your totem is the ibis, the old law said you must look after ibis ...but you mustn't eat your totem...That way each animal was protected by somebody“[34].

Der Aranda (Arrente[35]) Teil der Geschichte beginnt mit der deutschen Einwanderung nach Adelaide; 1838 entstand dort eine deutsche lutherische Gemeinde. Adelaide zog deutsche Siedler an wegen der politischen Lage in der ersten Hälfte des neunzehnten Jahrhunderts: Die Stadt wurde 1836 gegründet und erhielt ihren Namen von „Adelheid“, einer Prinzessin von Sachsen-Meiningen (1792-1849). Sie heiratete 1818 William IV (1765-1837), den König von England, Irland und Hannover[36] und wurde so Königin von England.

Hermannsburg liegt im Tal des Finke River, der als der älteste Fluss der Welt gilt. Das Dorf liegt etwa 1.500 Meilen (= 2.400 km) nördlich von Adelaide und 90 Meilen (= 155 km) westlich von Alice Springs, dem Hauptort in der Mitte von Australien. Dort lebt der Aranda Stamm, der größte Stamm in Zentral-

[31] Strehlow Research Cenre, Traditions in the Midst of Change: Communities,cultures and the Strehlow legacy in Central Australia, Alice Springs 2002; id., The Struggle for Souls and Science, Occasional Paper no. 3, Alice Springs 2004

[32] Vgl. allgemein Bernhard Großfeld (Hrsg.), Rechtsvergleicher – verkannt, vergessen, verdrängt –, Münster 1998

[33] Gabriele Weichart, The Hermannsburg Mission and the Landscape Vision, in: Strehlow Research Centre, Occasional Paper 3, 2004, p. 193; Austral.an Heritage Database, Place Details; Hermannsburg Historic Precinct, Larapinta Dr, Hermannsburg, NT

[34] Penney Tweedie, Aboriginal Australians. Spirit of Arnhem Land, London 1999, S. 57

[35] So der heutige Name

[36] Cf. Bernhard Grossfeld, Gothaer Berggewerkschaften, in: Festschrift Heinz Holzhauer, Berlin 2005, p. 256, 258. Zum weiteren Hintergrund siehe Peter Muehlhaeussler, Hermann Koeler's Remarks on Language and Culture in South Australia 1838, in: Strehlow Research Centre, Occasional Paper 3, 2004, S. 120

Australien[37]. Die australische Regierung hatte der „Finke River Mission“ dort 900 Quadratmeilen (= ca. 2.200 km^2) überlassen. Treibende Kraft war die „Evangelical Lutheran Church in Australia“; sie wollte „“*carry on mission work among those heathens in whose land she dwells*“[38]. Die Station galt auch als Investition, um Erträge für die Kirche zu erwirtschaften[39]. Die Lutherische Kirche betrieb sie von 1877-1982.

Der menschliche Leidensweg begann 1875, als zwei deutsche Missionare nach Adelaide kamen: Adolf Hermann Kempe und Wilhelm Schwarz. Einen Monat nach ihrer Ankunft machten sie sich auf den Weg durch die Wüste. Nach einer quälend-schwierigen Reise von 22 Monaten wählten sie als Standort einen Platz, an dem sie im trockenen Flussbett Wasser ergraben hatten. Während der Reise schrieb Adolf Kempe:

> „Often I have been almost tempted to exclaim in the words of the prophet: ‚It is enough; now, O Lord, take away my life‘, for I am sick at heart“[40].

E. HERMANNSBURG/DEUTSCHLAND

Warum nannten die Missionare die Gründung „Hermannsburg“? Die Antwort: Ausgewählt und entsendet hatte sie das Hermannsburger Missions Institut. Dieses „originale“ Hermannsburg“ liegt etwa 70 km nördlich von Hannover. Dort entstand 1849 die Hermannsburger Missionsgesellschaft; sie förderte den Missionseinsatz für die Welt[41]. Anfangs richteten sich die Anstrengungen auf Afrika, später kam Australien in den Blick. Das erstaunt nicht angesichts der Verbindungen über Hannover und Gotha-Meiningen zu England.

37 Zu weiterer Literatur siehe http://www.ywwlc.com.au/Aranda.htm

38 Everald Leske, Hermannsburg: A Vision and a Mission, Adelaide 1977, p. 7; siehe P. A. Scherer, Venture of Faith – An Epic in Australian Missionary History, 2nd edit., Adelaide 1971

39 Walter F. Veit, Labourers in the Vineyard or the Uneducated Missionary, in: Strehlow Conference 2002, Traditions in the Midst of Change: Communities, cultures and the Strehlow legacy in Central Australia, Alice Springs 2004, S. 95

40 Walter F. Veit, Labourers, oben Fn. 39, S. 9

41 Ibid.

F. NEUE HORIZONTE[42]

Die Missionare begegneten in Hermannsburg den Gesängen, Tänzen und Ritualen der Aborigines. Das öffnete neue Horizonte:

> Into the serpent lake may he glide down;
> Into the serpent hollow may he glide down!
> Let him scar the ground as with a stick;
> Let him glide along in the snake furrow!
> ...
>
> ‚My tail tip is healing without a scar, is healing without a scar;
> My mouth is healing without a scar, is healing without a scar'.
> ‚My mouth is healing without a scar, is healing without a scar;
> My mouth is growing whole again, is growing whole again'.
> ‚My mouth is growing whole again, is growing whole again;
> My tail tip is growing whole again, is growing whole again'"[43].

Ihnen erschloss sich die Macht von Bildern, von rhythmischer Poesie und Musik. Die australischen Ureinwohner kennen keine Schrift; sie sind stolz darauf, dass sie ihr „Recht" *„im Herzen und in der Seele tragen"*, nicht *„auf Papier"*. So erleben wir, wie die älteste orale Dichtung zu modernem Recht wird.

Das scheint die Kultur der Aborigines grundlegend zu unterscheiden von unserer Kultur, zu der Franz von Benda-Beckmann sagt[44]: *„Law is indeed in the books or on maps, on paper only"*. Doch fügt er hinzu: *„ Whether there is anyone who reads these books is an entirely different matter"*.

I. Erdgesänge[45]

> „When the Ancestors travelled across the country they metamorphosed into topographical features and left some of this invisible potency from themselves in the land and in objects. This is the tie that links living human beings with the land"[46].

[42] Linda Barwick/Allan Marett, Aboriginal traditions, in: John Whiteoak/Aline Scott-Maxwell (Hrsg.), Currency Companion to Music & Dance in Australia, Sydney 2003, S. 26; Lynne Hume, Witchcraft and Paganism in Australia, Melbourne 1997; Sam D. Gill, Storytracking (oben Fn. 26)

[43] The Emianja Song, zitiert nach: Theodore Strehlow, Songs (oben Fn. 17) S. 254. Der Gesang handelt von Menschen, die an schweren Wunden aus Kampf oder Unfall leiden. Da der „Schlangen –Vorfahre" seine eigenen Wunden mit Zauberversen geheilt hatte, glaubte man, dass der gleiches erhoffen durfte, der den Text sang.

[44] Franz von Benda-Beckmann, On the reproduction of law: Micro and marcro in the time-space geography of law, in: Wolfgang Fikentscher (Hrsg.), Begegnung und Konflikt – eine kulturanthropologische Bestandsaufnahme –, München 2001, S. 119, 124

[45] Umfassender Überblick bei Martin Kment, Auf den Spuren der Traumzeit. Die Lebensordnung der Ureinwohner Australiens, RabelsZ 70 (2006) 771

[46] Theodore Strehlow, Songs (oben Fn. 17) S. 61

„Malangi must drink this water, and bathe in this water, to keep him strong“[47].

„This is not a rock, it is my grandfather.
This is a place where the dreaming
Comes up, right up from inside the ground“[48].

Menschliche Vernunft ist ortsbezogen[49] („*Wisdom Sits in Places*“[50]); daher möchte ich die Ureinwohner zunächst „verorten“[51] und mit der Rechtsgeographie beginnen.

Australien ist etwa so groß wie die 48 Staaten der USA (ohne Alaska und Hawai) mit der geringsten Bevölkerungsdichte in der Welt (heute etwa 21 Millionen Einwohner, davon ca. 2,2 % Ureinwohner). Die Ureinwohner erreichten Australien von Papua Neuguinea her etwa 42.000 Jahre bevor 1606 Europäer eintrafen[52].

Weites Land ist das zentrale Erlebnis in der Trockensteppe[53]. Die Missionare hatten keine Erfahrung mit der Geographie und mit dem Klima, das sie zu bestehen hatten. Alles war so verschieden von dem milden Umland Norddeutschlands, von den grünen Wiesen und dem Überfluss an Wasser dort. Sie wussten fast nichts von der Bodengestaltung und hatten nur oberflächliche Kontakte damit. Ihnen entging das Wichtigste: Land ist Grundlage einer religiösen Kultur.

Damals gab es in Australien ca. 260 verschiedene Sprachen, hinzukamen viele Dialekte; heute leben noch etwa 100 Sprachen. Wegen der geographisch/klimatischen Verhältnisse wandern die Ureinwohner ständig. Das Pflanzenwachstum verteilt sich auf verschiedene Orte zu verschiedenen Jahreszeiten; nur zu bestimmten Zeiten wachsen Pflanzen an bestimmten Plätzen. Deshalb müssen die Gruppen über das Land streifen um die Nahrung zur richtigen Zeit zu finden. Sie sind ein wanderndes Volk – aber sie haben keine Tragetiere, um Gebrauchsgegenstände oder Waren zu befördern; sie nutzen nicht das Rad. Sie können also fast nichts mitnehmen. Nichts Menschliches dauert

[47] Penny Tweedie, Aboriginal Australians. Spirit of Arnhem Land, London 1999, S.161

[48] George Timamin, One Land, One Law, One People, quoted from Lynne Hume, Witchcraft, (oben Fn. 42) S. 70

[49] Hildegard Wustmans, Verschiedenheiten der Kulturen, Unterschiedlichkeiten der Religonen, plurale Vernunft, Jahres- und Tagungsbericht der Görres-Gesellschaft 2007, S. 115, 116

[50] So der Titel des Buches von Keith H. Basso, Albuquerque 1996

[51] Zum allgemeinen kulturellen Hintergrund Tony Swain, A Place for Strangers. Towards a historyof Australian Aboriginal being, Cambridge 1993

[52] Josephine Flood. Archeology of the Dreamtime, Honolulu 1983, S. 31; Genetische Spur der Aborigines, FAZ 4. 6. 2007, Nr. 127, S. 34; Georgi Hudjashov, Proceeding American Academy of Science, 2007 (doi:10.1073/pnas.0702928104)

[53] Daniel Deckers, Schäfchen sammeln im Outback, FAZ 10. 11. 2007 Nr. 262, S. 3

für längere Zeit: Es bleiben keine Spuren von Lagerstätten. Vierzigtausend Jahre Besitz werden bedeutungslos; es bilden sich keine Wegmarken auf Zeit.

Es gibt keine Jahreszählung, kein genaues Lebensalter, und nur zwei Zahlen („ninta“ = eins, „tara“ = zwei). Wenn man eins („tarmininta“) oder zwei („taramatara“) hinzufügt gelangt man zu „drei“ und „vier“, danach zu „viele“ („njatara“)[54]. Auch bei uns hört man ja, dass ab vier oder fünf die Mathematik beginnt. Geld ist unbekannt. Auffällig ist die Fürsorge für die Kinder und die Nachsicht ihnen gegenüber: Eine kinderliebe Gesellschaft. Der Grund leuchtet bald ein: Die Liebe der Kinder erscheint als die einzige Sicherheit im Alter (Altersversorgung!).

Zum Ausgleich für die „Zeichenmängel“ (die die Aborigines nicht als solchen empfanden) beschreiben sie genau Eigenheiten des Landes und besonderer Orte. Die Erde ist ihr ständiger „Gesprächspartner“. Die Aborigines sprechen und singen „down to earth“ („geo-songs“).

Als die europäischen Einwanderer ihre Viehwirtschaft aufbauten, verboten sie den Aborigines über das Gelände und zwischen den Herden zu wandern. Das vernichtete die Basis der traditionellen Kultur. Die Aborigines verloren immer; ihre Zahl ging drastisch zurück[55].

II. Dreaming

1. Einführung

Nach der Tradition der Aborigines gibt es eine lebendige Verbindung zwischen Glauben und bestimmten Plätzen im Land[56] (vgl. „Berg Sinai“, „Tempel in Jerusalem“). Der Ausdruck „Dreaming“ steht im Mittelpunkt ihrer Kultur[57]. Sie meinen, dass die „Träume“ von ihren totemischen (mythischen) Vorfahren stammen, dass sie „Orts-Träume“ sind und „Traumpfade“ („*dreamlines*“) beschreiben[58]. Das bezieht sich auf eine unvordenkliche Zeit, zu der Riesen über

54 Carl Strehlow, Die Aranda- und Loritja- Stämme in Zentral-Australien, Teil IV, Kapitel II, S. 43; vgl. H. Schubert, Das Zählen, in: G. B. Neumayer (Hrsg.), Anleitung zu wissenschaftlichen Betrachtungen auf Reisen, Bd. 2, Berlin 1888, S.288

55 Paul G. E. Albrecht, Friedrich Wilhelm Albrecht: An Appraisal of His Work Among the Aborigines of Central Australia, Based on Personal Recollections, in: Strehlow Research Centre, Occasional Paper no. 3, S. 115f.; Mark D. Walters, Colonialism, Legality and Aboriginies, University of Toronto L. J. 57 (2007) 819

56 Grace Koch, Aboriginal songs in land claims, in: Currency Companion, oben Fn. 29, S. 24; Linda Barwick/Allan Marrett, Aboriginal Traditions, ibid. S. 26

57 Klaus-Peter Koepping, From Dreaming to Nightmare: Transformation and Deafness in Discourses of Aboriginality, Strehlow Research Centre, Occasional Paper 3, 2004, S. 202; Jennifer Isaacs, Australia's Living Heritage – Arts of the Dreaming, Sydney 2002.

58 Bruce Chatwin: Traumpfade, München/Wien 1990

das Land zogen, um es zu gestalten. Sie schufen Orte geistiger Energie und damit die Ordnung für das Volk. Recht wird vom Land her definiert[59]. Das geschieht durch die Macht von Gesängen und Ritualen nicht-menschlichen Ursprungs, die die jetzige Generation „wieder-träumt". Männer und Frauen lernen sie mit der Verpflichtung, sie zu vollziehen und ihre Kinder zu lehren. Als „Treuhänder" sollen sie die schöpferischen Kräfte freisetzen[60].

„Dreaming" steht für eine Weltsicht, nach der das Land eine besondere Beziehung hat zu Personen und Gruppen; der Ausdruck umschreibt ein Verhältnis gegenseitiger Verantwortung. Mutter Erde ist ein weit gespannter Traumkörper, den Menschen umsorgen. Die Gegenseitigkeit ist ein Bild für die Wechselbeziehung zwischen Herkunft und Identität. Die Gesänge lassen innerhalb des besungenen Gebiets Pflanzen wachsen und Tiere sich vermehren. Medizinmänner leiten die Rituale und sind häufig Dichter mit großem Einfluss.

In Australien neigt man heute dazu, der eingewanderten Bevölkerung das Recht abzusprechen, sich zu Ritualen der Aborigines zu äußern (kulturelles Urheberrecht[61]). Es ist nur schwer möglich, Aborigines (außerhalb der „Touristik") persönlich zu begegnen; ich konnte nur einige ihrer Siedlungen besuchen ohne nähere Kontakte.

2. *Einzelheiten*

a. Geistige Beziehung

> „Das endlose hat keine bilderschrift,
> es fehlen alle passenden vergleiche"[62].

„Dreaming" oder „dreamtime" ist die ungenaue Übersetzung einer geographisch/dichterischen Sicht von der unfassbaren Zeit[63]; sie beruft eine geistige Kraft im Tiefsten des Landes[64]. „Dreaming" gilt als poetischer Schlüssel zur Wirklichkeit; Poetisches und Heiliges sind untrennbar verbunden. Die großen Vorfahren, die totemischen Geister brachten Licht in das Dunkel[65]; sie schufen die Landschaft.

59 Dazu umfassend Martin Kment, Auf den Spuren der Traumzeit. Die Lebensordnung der Ureinwohner Australiens, RabelsZ 70 (2006) 771

60 Lynne Hume, Witchcraft (oben Fn. 42)

61 Shuba Gosh, Who Doesn't Own Culture? Two Books on Law's Role in Shaping Culture, in:Liber Amicorum Robert MacLean, London 2007, S. 135

62 Albert Brennink, Bärentaten, Montreux 1994, S. 62

63 Louise Anderson, The Law and the Desert: Alternative Methods of Delivering Justice, 30 J. L. & Society 120 (2003)

64 Lynne Hume, Ancestral power (oben Fn. 42) Rücktitel

65 Penny Tweedie, Aboriginal (oben Fn. 47) S. 135. Zu den möglichen Beitrag der Dichtung siehe 6 Legal Writing: J. Legal Writing Inst. 27, 42ss. (2000)

Zeit „ist" einfach da, sie ist keine lineare oder zyklische Folge von der Vergangenheit in die Gegenwart und in die Zukunft. Wir begegnen einer Welt ohne Zeit, der Ewigkeit der Gegenwart:

> „It is one in which the long past is ever present and ties both future and past to the moment when a correct reproduction of a Dreaming performance takes place"[66].

Malend, sich bewegend und singend begehen die Aborigines die Riten, die die Lebenden verbinden mit den früheren Generationen (vielleicht ähnlich dem katholischen Kreuzzeichen oder der katholischen Messe, dem lauten Lesen der Bibel oder dem Zitieren des Korans). Dadurch feiern sie die Erfahrung der fortwirkenden, nie endenden Schöpfung[67]; zugleich entsteht eine Ordnung durch „Benennung" mittels Totems und Rhythmus[68] mit starken seelischen Wirkungen[69]: Totems bestimmten die soziale Stellung; Initiationsriten und totemische Zeichen („tjurunga") sichern Würde und Identität. Gesänge können heilen und können schaden[70]. Die Wörter für die Gesänge und Riten verweisen auf „benennen"[71]: Macht der Sprache!

b. Ortsbestimmung

> „Ein Wort aber – das weißt du selber – beginnt
> an einem bestimmten ort;
> es wandert von dort nicht einfach fort"[72]

Die „Erdgesänge" beziehen sich auf bestimmte Orte, formen eine totemische Landschaft (dreaming landscape)[73]:

> „Gesture, song, whispers, drawing, silence, shift of sound and sense, the named and the unnamed, tacit presuppositions, signs that only sang in the right place, signs that lived in music not in nests of other words alone – all this not to mention dance and elaborate ritual"[74]

Das beruht auf einer genauen Kenntnis des bechriebenen Ortes auch auf Seiten der Zuhörer[75].

66 Catherine J. Ellis, Time Consciousness of Aboriginal Performers, in: Problems & Solutions (Jannie C. Kassler/Jill Stubbington, Hrsg.), Sydney 1984, S. 153
67 Lynne Hume, Ancestral Power (oben Fn 42) S. 94
68 Jennifer Isaacs, Australian dreaming: 40.000 years of Aboriginal history, Sydney/New York 1991; Theodor Strehlow, Songs (oben Fn. 17)
69 Bruce Kapferer, The Power of the Ritual, Adelaide 1979
70 Lynne Hume, Ancestral Power (oben Fn. 42) S. 106
71 Catherine J. Ellis, Time Consciousness (oben Fn. 66) S. 150
72 Brenning, Bärentaten (oben Fn.62) S. 49
73 Howard Morphy, Aboriginal Art, London 2003, S. 103
74 Barry Hill, Broken Song, Sydney/New York 2002, S. 176
75 Ibid.

So weisen die Vorfahren heilige Orte zu und umgrenzen das Gebiet des jeweiligen Stammes[76]:

> „Songs in series describe the activities of the Dreamtime ancestor at each site, and Aboriginal claimants use the songs as mnemonic to guide them from place to place“[77].

Dem entspricht es, das die „Traum Orte“ wirtschaftlich wichtig sind und reichlich Nahrung bieten[78]. Aborigines graben dort nach Wasser, wo es gemäß den Mythen geschaffen wurde[79]. Es handelt sich um poetisch verdichtete Lebens- und Gemeinschaftserfahrungen.

c. Wiedererstehung

Nach dem Glauben der Aborigines drücken die Gesänge absolute Wahrheit aus und absolute Schönheit; sie dauern fort in Ewigkeit. Die Teilnehmer der Rituale werden „reinkarniert“ in ihre frühere Existenz[80], erstehen neu als Ordner. Wir erleben eine Art von „anamnesis“, eine Erinnerung die gegenwärtig macht. Die Teilnehmer bringen sich ein in die Lebensrhythmen ihrer Gruppe, ordnen Landrechte und Ehekonventionen[81]. Der High Court of Australia erklärt die Gesänge und Rituale so:

> „They identified with them in a way which transcends common law notions of property and possession“[82].

III. Rituale

Lebensentscheidend ist das Wissen um Quellen, um Stellen an denen sich Wasser ergraben lässt, um Bäume deren Wurzeln Wasser speichern. Wissen um wechselnde Wetterlagen ist an Orte gebunden und „gehört“ einer bestimmten Gruppe. Es wird weitergegeben von Generation zu Generation, verschlüsselt und gelehrt durch Gesänge.

Aranda Gruppen identifizieren sich mit ihren Ahnen; sie ziehen entlang der Gesangs- und Geschichtspfade und feiern an den Plätzen, wo die Vorfahren la-

76 Jennifer Isaacs, Australia's Living Heritage, Sydney 2002, S. 10

77 Grace Koch, Peoples of the Northwest and Aboriginal Songs in Land Claims, in: John Whiteoak/Aline Scott-Maxwell (eds.), Currency Companion (oben Fn. 29) S. 25, Cf. Jacinta Ruri/Anna Crosbie, The Key to Unlocking Maori Land: The Extension of the Maori Land Court's Jurisdiction, 10 The Canterbury L. Rev. 318 (2005); Verity Winship, Case Comment: Native American Treaties, 113 Harv. L. Rev. 389 (1999)

78 Lynne Hume, Ancestral Power (oben Fn. 42) S. 72

79 Jennifer Isaacs, Australian dreaming (oben Fn. 68) S. S. 124

80 Theodore Strehlow, Songs (oben Fn. 17) S. 244

81 Scott Cane, Pila Nguru – The Spinnifex People, Freemantle 2002

82 Mabo v. The State of Queensland, 175 Commonwealth L. Rep. 1 (1992) – Mabo 2

gerten. Die Rituale können Wochen dauern[83]. So wiederholt sich „regelgemäß" in der „Verkörperung" die Feier des fortwährenden Lebens und der zeitlosen Ordnung. Die Teilnehmer empfinden sich als zum Land gehörig und als Treuhänder für die Gesänge, Rituale und Legenden. An Begegnungsorten teilen Gruppen die rituellen Plätze miteinander[84]. So entsteht eine „totemische Landschaft" als Grundlage von Ordnungsmacht, von Partnerfindung und Partnerbindung[85].

Sexuelle Handlungen spielen bei den Ritualen eine wichtige Rolle:

> „Both men and women paint themselves to attract lovers. Women paint themselves for ritual and sexual reasons; these paintings are designed to make them appear fatter and their breasts larger. Walbiri men also paint themselves to attract lovers. Designs in this context greatly differ from those in rituals. They generally depict through symbols men and women having intercourse, or representations of sexual organs. When viewed by women, the men maintain they make the women sick in the stomach, ‚sick with desire'"[86].

IV. Sinnenhafte Vermittlung

> „I am teaching our children these stories about our great ancestors and about all the creatures in the sea. We sing and dance these stories in our ceremonies to celebrate and to pass on this knowledge"[87].

Die sinnenhafte Vermittlung traditioneller Kräfte findet sich auch innerhalb der Familien bei der Erziehung der Kinder. Großeltern strecken ihre Hände über das Feuer, berühren dann sanft das Kind an verschiedenen Körperteilen und sprechen liebevoll zu ihm („*Wuduu*" = das Erwärmen, das Streicheln"). So sagt z. B. ein Großvater zu seiner Enkelin:

> „Don't Take
> Don't take for somebody else
> Wuduu Wuduu
> At the fire I touch you
> I hand you the strength of Wuduu
> Don't let yourself be turned.
> Have on your ankle,
> Have on your knee,
> Have on your thigh.

[83] Josephine Flood, Archaelogy (oben Fn. 52) S. 241

[84] Sam D. Gill, Storytracking (oben Fn. 26) S. 66

[85] Theodor Strehlow, Geography and the Totemic Landscape in Central Australia: A Functional Study, in: Australian Aboriginal Anthropology of the Australian Aborigines (R. M. Berndt ed.), Nedlands 1970, S. 92, 133ff.

[86] Jennifer Isaacs, Australia's (oben Fn. 68) S. 56

[87] Penny Tweedie, Aboriginal (oben Fn. 47) S.99

Stay strong
Don't let your forehead swell
Wait, wait.
Don't say the words of the men.
Don't go begging, granddaughter.

Namaaraalee showed us the Wuduu that we make for little boys and girls.
The men who know still touch them
So each day they learn to grow.

Her two thighs, her two legs, her fingers,
The words are put there
That the Wandjinas gave us.
They said to keep on
And until today the words have lived.
The Wuduu touching will not stop,
It is our strength"[88].

Dieses „*Wuduu*" vermittelt dem Kind Selbstvertrauen, Lebenskraft und Wachsen aber auch die Bereitschaft, die Ordnung des Stammes zu achten. Es wird so zu einem freien und geachteten Glied der Gemeinschaft:

> „We are teaching our young men so they will always be custodians to keep this law strong"[89].

V. Stärke

Bildhaftes und poetisches Recht wirkt dauerhaft stark – wie bei uns etwa Rechtssprichwörter zeigen[90]. In Australien erweist sich das am Wiedererstehen traditioneller Landrechte. Die Erdgesänge werden zu „title deeds"[91], was man mit „gesungene Grundbücher" umschreiben mag; sie entfalten rechtsschöpferische Kraft:

> „While it is an impressive fact that poetic and narrative commemoration of the exploits and travels of totemic personalities does in fact provide current generations with an extraordinary detailed map of the traditional territories of central Australian tribes, a fact that is moreover extremely fortunate in view of the immense usefulness of this knowledge to modern Aboriginal communities in their pursuit of land claims in the current era"[92].

[88] Zitiert von Jennifer Isaacs, Australian dreaming (oben Fn. 68) S. 176
[89] Penny Tweedie,Aboriginal (oben Fn. 47) S. 155
[90] Bernhard Grossfeld, Unsere Sprache: Die Sicht des Juristen, Opladen 1990
[91] Grace Koch, Aboriginal songs (oben Fn. 56)
[92] Ken Hale, Remarks on Creativity in Aboriginal Verse, in: Problems & Solutions (Jannie C. Kassler/Jill Stubbington, eds.), Sydney 1984, S. 254, 256

G. RESIGNATION

Die Missionare erkannten schnell, dass die Ureinwohner – entgegen der herrschenden Meinung[93] – weder „stupide" waren noch „degeneriert", dass es ihnen nicht an Intelligenz fehlte[94]. Um aus nomadisierenden Jägern und Sammlern Ackerbauern und Viehzüchter zu machen, lernten die Missionare die Aranda Sprache. Ihnen mangelte jedoch gemeinsame Erfahrung; das machte die Verständigung sehr schwierig: Wörter sind eben zuerst Symbole gemeinsamer Erfahrung. Die Missionare sahen das Hauptproblem *„in the lack of abstract terms and moral ideas of which the aborigines had not conception"*[95]. Das begann mit dem Wort für „Gott": Ließ es sich als „Altijra" übersetzen, also durch ein Wort, dass sich bezog auf ein ewig bestehendes, übernatürliches Wesen, das sich aber um die Menschen nicht kümmert? Die Aborigines hatten auch keinen Sinn für das Bedürfnis nach „Erlösung":

> „They do not believe that humans are inherently sinful, rather, that life is about celebration, joy and pleasure"[96]

Die Aborigines wurden immer weniger hilfsbereit, waren abweisender, weil sie erfuhren, dass man die Kenntnis ihrer Sprache und Sitten auch gegen sie nutzte[97]. Das Misstrauen ist nach wie vor lebendig.

Die Mission war ein Zufluchtsort für die Aborigines im Streit mit den weißen Viehzüchtern. Um 1879 war alles Land um Hermannsburg herum Weideland geworden; die harte Behandlung der Aborigines erregte den Widerstand der Missionare. Sie verteilten im Auftrag der Regierung Lebensmittel: Für die Teilnahme an Missionsveranstaltungen gab es Essen. Der Erfolg war indes dünn; er ergab sich zumeist aus der Sorge für Waisenkinder. Fast alle Hoffung ruhte auf verwaisten Jungen, weil die Mädchen zum Kreis der Viehzüchter stießen[98]. Die Mitglieder der Station sahen ihre weißen Nachbarn sehr kritisch: Sie verachteten sie wegen deren sexuellen Beziehungen mit eingeborenen Frauen. Sie protestierten gegen die harten Maßnahmen zum Schutz des Viehs vor den Eingeborenen; die Überweidung zerstörte das Land.

93 Vgl. Roger McDonald, The Ballad of Desmond Kale, Sydney 2006

94 J. Harris, One Blood: 200 years of Aboriginal encounter with Christianity: A story of hope, 1990, S.. 387

95 Everard Leske, Hermannsburg (oben Fn. 38) S. 15

96 Lynne Hume, Witchcraft (oben Fn. 42) S. 43

97 Vgl. Georg Ewert, Herausforderung durch das Fremde – Abgrenzung und Inkorporation in zwei westafrikanischen Gesellschaften unter wechselnden evolutiven Bedingungen, in: Wolfgang Fikentscher (Hrsg.), Begegnung und Konflikt – eine kulturanthropologische Bestandsaufnahme, München 2001, S. 132

98 Sam D. Gill, Storytracking (oben Fn. 26) S. 58

Schließlich, 1891, gaben die Missionare auf; sie resignierten vor *„the lack of longing for salvation*“[99]. All das wurde verschärft durch Isolierung, rauhes Klima und schlechte Gesundheit. Sie sahen keine Chance, die Ureinwohner an die westliche Welt anzupassen und schlossen sich der Sicht an, dass diese zum Aussterben verurteilt seien. Adolf Kempe fasste zusammen: *„The lack of faith of all of us is certainly the main cause of the closing chapter*“[100].

> „Their plans were defeated by the landscape“[101].

Als Baldwin Spencer (1860-1929) 1923 durch Hermannsburg kam, meinte er:

> „If, which is open to question, the mission had ever done any permanent good, there was no evidence of it to be seen...“[102].

H. MOSES[103]

Doch die frühen Missionare ließen eine Spur im Treibsand der Zeit: Moses Tjalkabota („Old Blind Moses“). Adolf Kempe hatte ihn 1890 als Aranda Jungen im Alter von 12 Jahren getauft. Er wurde der wichtigste Helfer bei der Übersetzung des Neuen Testaments in die Sprache der Aranda. Er lehrte später in Hermannsburg Lesen und Schreiben. Danach war er dort angesehener Pastor auch für andere Gruppen von Eingeborenen. 1948 schilderte er den kulturellen Gegensatz während seiner Jugend so:

> „The old men said to the preachers: ‚What is this message? We cannot believe it. We have something that is entirely different‘. The preachers asked them who had created the earth. The old men said: ‚The earth has always existed‘. The preachers said: ‚No, God created it‘. They did not believe any of these statements... We cannot imagine what your God is like‘“[104].

[99] Walter F. Veit, Social Anthropology Versus Cultural Anthropology: Baldwin Walter Spencer and Carl Friedrich Theodor Strehlow in Central Australia Strehlow Research Centre, Occasional Paper 3, 2004, S. 92,. 96

[100] Leske, Hermannsburg (oben Fn. 38) S. 22

[101] Sam D. Gill, Storytracking (oben Fn. 26) S. 64

[102] Quoted from J. Harris, One Blood: 200 years of Aboriginal encounter with Christianity: A story of hope, 1990, S. 399

[103] Ibid. p. 91

[104] Theodore Strehlow, Songs (oben Fn. 17) S. 346f.

I. NEUENDETTELSAU[105]

1894 erwarb die Adelaide Lutheran Immanuel Synod die Finke River Mission Station. Die Wiederbelebung ging aus vom Lutherischen Missionsseminar in Neuendettelsau nahe Nürnberg. Das Seminar war 1849 begründet worden durch die „Gesellschaft für innere Mission im Sinne der lutherischen Kirche"[106].

J. CARL FRIEDRICH THEODOR STREHLOW[107]

I. Familienschicksal

Von dort kam im Oktober 1894 im Alter von 23 Jahren Carl Strehlow nach Hermannsburg. Er war geboren in Fredersdorf, nördlich von Berlin in der Uckermark, als siebtes Kind des Dorflehrers. Er begann sein theologisches Studium 1888 in Neuendettelsau und wurde 1892 nach Australien entsandt. Dort heiratete er Frieda Johanna Henriette Keyser (1875-1957) aus Geroldsgrün (Oberfranken). Ihr Vater war Herr des örtlichen Gutes und Eigentümer einer Schmiede. Die beiden hatten sich kurz in Neuendettelsau getroffen; sie kam 1895 nach Australien, den ihr kaum bekannten Mann zu heiraten. Mit dem Zug und mit der Postkutsche reisten sie bald darauf nach Hermannsburg, wo sie in glücklicher Ehe gemeinsam das religiöse und wirtschaftliche „Unternehmen" anpackten. Beide wurden 1901 Australier. Sie hatten sechs Kinder, fünf Söhne und eine Tochter: Friedrich, Martha, Rudolf, Karl, Hermann und Theodor. Alle Kinder wurden ohne ärztliche Hilfe geboren; alle sprachen fließend Deutsch, Aranda und Englisch.

Von August 1910 bis November 1911 war die Familie Strehlow auf Urlaub in Deutschland. Sie blieb neun Monate in Angermünde nördlich von Berlin. Die Eltern entschlossen sich, ihre fünf älteren Kinder zur weiteren Ausbildung in Deutschland zu lassen. Weil sie das Missionsinternat nicht bezahlen konnten, verteilten sie die Kinder auf befreundete Familien. Der Abschied war herzzerreißend. Nur ihr zweijähriger Sohn Theodor begleitete sie zurück nach

105 Cf. Michaela Grzesch, Die Neuendettelsauer Mission in Papua-Neuguinea vor dem Ersten Weltkrieg, in: Bernhard Grossfeld (Hrs.), Rechtsvergleicher – Verkannt, vergessen, verdrängt –, Münster 2000, S.12; W. Koller, Die Missionsanstalt Neuendettelsau, Neuendettelsau 1924

106 Erika Geiger, Wilhelm Löhe (1808-1872), Neuendettelsau 2003

107 Johann Strehlow, Shifting Focus, in: Strehlow Conference 2002, Traditions in the Midst of Change: Communities, cultures and the Strehlow legacy in Central Australia, Alice Springs 2004, S. 109

Australien. Carl Strehlow sah seine fünf Kinder nie wieder[108]. Alle vier in Deutschland verbliebenen Söhne wurden zur Wehrmacht eingezogen obgleich sie Australier waren. Herman starb 1945, Friedrich 1947, beide in russischer Gefangenschaft.

1932 war Frieda Strehlow nach Neuendettelsau zurückgekommen. Sie starb dort 1957, ist dort beerdigt und – vergessen:

> „The Strehlow family was a victim and paid a high price with the dispersion of their children....The tragedy of the dispersion was a contribution of Carl and Frieda Strehlow to the black community of Hermannsburg "[109].

Die Schwester starb als letzte der Geschwister 1998.

II. Kulturbegegnung

> „Es gibt wer weiß wie viele Sprachen in der Welt, und nichts ist ohne Sprache. Wenn ich nun den Sinn der Laute nicht kenne, bin ich für den Sprecher ein Fremder, wie der Sprecher für mich"[110].

Carl Strehlow war wohl auch geprägt durch Johann Gottfried Herder: Die Einheit der Menschheit offenbart sich ihm in den verschiedenen Bräuchen[111] und *„culture is the manifestation of the creative soul of a people"*[112]. Er sah die Ureinwohner als ganz menschlich, die nicht verdammt waren auszusterben. Er begegnete ihnen von Angesicht zu Angesicht (auf gleicher Augenhöhe). Die Aranda Kultur faszinierte ihn und er akzeptierte ihr Anderssein, das ihm aber immer fremd erschien. Carl Strehlow sprach Aranda und schuf ein Wörterbuch mit 7.000 Aranda Wörtern; er übertrug sodann das Neue Testamen in die Aranda Sprache. Er meinte, dass man ein Volk am besten über seine Sprache verstehe.

Während dieser Zeit gab es noch viele Rituale und Tänze nahe der Missionsstation; auch christliche Ureinwohner beteiligten sich daran. Carl Strehlow war jedoch selbst nie bei einer Zeremonie[113]. Er meinte, dass sein Status als Missionar die Teilnahme an heidnischen Ritualen verbiete. Er untersagte auch

[108] Wighard Strehlow, Dispersion of the Strehlow Children, in: Strehlow Conference 2002: Traditions in the Midst of Change: Communities, cultures and the Strehlow legacy in Central Australia, Alice Springs 2004, S. 120

[109] Wighard Strehlow, ibid. p. 123s

[110] 1 Kor 14: 10s. Vgl. M. Clyne,(Hrsg.), Foreigner Talk, International J. of the Society of Language 28 (1981) 69

[111] Vgl. Vivienne Courto, Ethnographer Erhard Eylmann, in: Strehlow Research Center, Occasional Paper 3, 2004, S. 143, 147s.

[112] Silke Beinssen-Hesse, Leo Frobenius in the Pacific?, in: ibid. S. 152, 156

[113] Sam D. Gill, Storytracking (oben Fn. 26) S. 118

(erfolglos) christlichen Aborigines, dabei zu sein. Er kritisierte die sexualisierte Atmosphäre und warnte vor der Gefahr einer Ansteckung mit nach Australien eingeschleppten Geschlechskrankheiten. Er fürchtete, dass ohne einen radikalen Wandel in einigen Jahren alle Teilnehmer infiziert seien. Seine Berichte von den Ritualen der Aborigines stützen sich so nur auf die Berichte heimischer Vertrauensleute.

Carl Strehlowsammelte viele Gegenstände (tjurungas) der Ureinwohner. Mindestens neun verkaufte er an deutsche und schweizerische Museen, weil die australische Regierung die Mission nach dem Ersten Weltkrieg nicht mehr finanzierte.

III. „Die Aranda- und Loritja-Stämme in Zentral-Australien“[114]

„Der Missionar, wenn er seinen Beruf nicht zu eng fasst, erforscht den Charaktrer des Volkes, seine Sitten und religiösen Gebräuche. Indem er die Sprache des Landes lernt, erhält er die Gelegenheit, dessen Literatur, Geschichte, Wissenschaften und Regierungsformen zu studieren, und auf seinen Wanderungen ist ihm Gelegenheit geboten, sich mit der Geographie desselben vertraut zu machen“[115].

1. Überblick

„The songs of this tribe, sung at ...sacred ceremonies, are merely a collection of sounds and cannot be translated. They have no actual meaning, but are merely a means of expressing such music as there is in the native mind“[116].

Dieser Meinung begegnete Carl Strehlow; hier setzte er an. Sein fünfbändiges Hauptwerk „Die Aranda- und Loritja-Stämme in Zentral-Australien“ erschien von 1907 bis 1922 in Frankfurt/M. in sieben Lieferungen. Es war Teil der Serie „Veröffentlichungen aus dem Städtischen Völker-Museum Frankfurt am Main“. Die Bände tragen folgende Titel:

1. Band (1907): Mythen, Sagen und Märchen des Aranda-Stammes,
2. Band (1908: Mythen, Sagen und Märchen des Loritja-Stammes. Die totemistischen Vorstellungen und die Tjurunga,
3. Band (1910/1911): Die totemistischen Kulte der Aranda- und Loritja-Stämme,
4. Band (1913/1915): Das Soziale Leben der Aranda und Loritja,
5. Band (1920): Die materielle Kultur der Aranda- und Loritja-Stämme.

114 7 Bde., Frankfurt/Main 1907 – 1922

115 Ferdinand Freiherr von Richthofen (1833-1905), zitiert von Georg Adolf Narciß (Hrsg.), Im Fernen Osten, Frankfurt/M. 1985, S. 46.

116 F. J. Stirling, in:, Report on the Work of the Horn Scientific Expedition, 1894, part IV p. 175

Im Ganzen sind es 660 Seiten. Das Werk wurde in Europa sogleich anerkannt als einer der wichtigsten Beiträge zur australischen Anthropologie. Es ist eine umfassende Studie, eine Schatztruhe, ist *„one of the most significant ethnographic studies ever undertaken“*[117]. Es erschien nie in Englisch, ist heute in Australien weithin „tabu“[118].

2. Einzelheiten

Der erste Band beginnt mit einem Bild von vier „schwarzen“ Männern, die Strehlow die meisten der folgenden „Legenden“ und „Fabeln“ erzählten. Legenden werden nur unter Männern mitgeteilt, Fabeln sind auch für Frauen und Kinder bestimmt. Strehlow bringt 64 Legenden und 4 Fabeln der Aranda, danach kommen 42 Legenden und 2 Fabeln der Loritja. Es folgen 59 totemistische Rituale der Aranda und 21 der Loritja sowie die Texte der jeweils dazu gehörigen Gesänge. Die Gesänge stehen im Mittelpunkt der heiligen Zermonien; sie werden begleitet von rituellen körperlichen Bewegungen. Ausführliche Stammbäume treten hinzu. Wir lesen ferner über Initiations-Rituale und Hochzeiten, über Zahlen, Zeit und Zeichensprache. Der Anhang erklärt auf 24 Seiten Namen von Eingeborenen.

3. Tjurunga

Eine große Rolle spielen „tjurunga“, das sind totemistische Gegenstände. Totemismus begründet eine mystische Verbindung, die sich äußert in symbolischen Gegenständen; normalerweise bezieht er sich auf das Land. „Tjurunga“ sind Steine oder Holzstücke in die ein Hinweis eingeritzt ist auf die mythischen Wurzeln einer Person. Sie werden vor Außenstehenden – oft in abgelegenen Höhlen – verborgen. Der Ausdruck „tjurunga“ umfasst aber auch Zeremonien, Legenden, Gesänge, Körper- und Bodenmalerei sowie andere persönliche Gegenstände.

> „They contain the laws laid down by the ancestral beings for corporate life, can also be seen as the constitutional documents of Aboriginal societies“[119].

[117] Paul G.E. Albrecht, Friedrich Wilhelm Albrecht (oben Fn. 55) S. 114

[118] Vgl. Hans Oberscheid, Translating Carl Strehlow's ethnologival work, in: Strehlow Research Centre, Occasional Paper No. 4, Collaboration and Language, Alice Springs 2005, S. 89

[119] Paul G. E. Albrecht, Friedrich Wilhelm Albrecht (oben Fn. 55), S. 119 Fn. 1

Die „tjurunga" formen *„the map for a concrete but mythologically legitimized landed property"*[120] an die Menschen unlösbar gebunden sind; sie bilden die Identität einer Person (wie bei uns etwa ein Ausweis). Während der Zeremonien veranschaulichen sie die lebende Gegenwart der Vorfahren. Mitunter vergleicht man sie mit der heiligen Hostie bei Katholiken[121].

4. Frauenlieder[122]

Fast alle Gesänge sind nur für Männer; Frauen dürfen an deren Ritualen nicht teilnehmen oder dabei zuschauen. Sie haben ein eigenständiges „heiliges" Leben, zu dem Männer keinen Zugang haben:

> „Women have their own share of ritual and song, sometimes their own ceremonies which no man may see. They know the mythological background, join in the special ritual taboos, gather food for the men who must do so much hard work. ...Where women lose their interest in the sacred ceremonies of their tribe, turning their attention more and more to the ways of white man, the ritual structure is on the verge of collapse"[123].

Carl Strehlow berichtet nur von einer Frauen-Zeremonie: Eine hintergangene Frau flehte Strafe auf ihre Rivalin herbei[124]. Die „weiblichen Geheimnisse" sind bis heute westlichen Beobachtern verschlossen; selbst Theodor Strehlow konnte sie nicht aufschließen[125].

5. Zahlen

Ich bringe nur das folgende Zitat:

> „Die Zahlbestimmungen ...sind sehr dürftig, da sie nur zwei bestimmte Zahlwörter haben und höhere Zahlenwerte entweder durch Zusammensetzungen der bestimmten Zahlwörter oder durch unbestimmte Zahlwörter...insbesondere aber durch das unbestimmte ‚ntjara = viele' ausdrücken, mit welcher letzterer Zahlbestimmung alle Zahlenwerte von 4 an aufwärts bezeichnet werden können".

120 Walter F. Veit, Social Anthropology (oben Fn. 99) S. 108

121 Walter F. Veit,ibid. S.108

122 Cf. Helen Payne, Women of the centre, in: Currency Companion (oben Fn. 29) S. 35

123 R. M. and C. H. Berndt, The First Australians, S. 73f., zitiert nachTheodor Strehlow, Songs (oben Fn. 17) S. 649. Zu den möglichen Hintergründen vgl. Wulf Schiefenhövel, Kampf, Krieg und Versöhnung bei den Eipo im Bergland von West-Neuguinea – Zur Evolutionsbiologie und Kulturanthropologie aggressiven Verhaltens, in: Wolfgang Fikentscher Begegnung und Konflikt (oben Fn. 44) S. 169, 172

124 IV. Teil, II. Abt. S. 35

125 Songs (oben Fn. 17) S. 647ff.

6. *Zeit*

> *„Auch die Zeitbestimmungen sind äußerst dürftig. Sie haben weder eine Jahreseinteilung noch Bezeichnungen für die Wochentage oder Monatsnamen. Gerechnet wird nur nach Nächten und nach den Mondphasen; auch unterscheidet man eine warme und eine kalte Jahreszeit".*

Carl Strehlow listet sodann auf die Ausdrücke für Tageszeiten, für Vergangenheit, Zukunft und Gegenwart sowie für die Jahreszeiten[126]. Die Zeit verläuft für die Eingeborenen nicht linear von der Vergangenheit über die Gegenwart in die Zukunft. Sie ist ewig gleichmäßig da; sie verknüpft Vergangenes und Künftiges, wenn ein „Dreaming" Ritual richtig vollzogen wird.

7. *Geheimsprache*

Carl Strehlow berichtet auch über eine weit verbreitete Geheimsprache:

> „Nachdem die jungen Aranda-Männer in den Geheimkult eingeweiht worden sind, wird ihnen noch eine andere Geheimsprache ankatja kerintja beigebracht, die nur befreundete Eingeborne unter sich gebrauchen und die zum Teil auch von den älteren Frauen verstanden und gesprochen wird. So spricht z. B. der Mann mit seiner Schwiegermutter, mit seinem Schwager und mit seiner Frau im Beisein Anderer diese Geheimsprache, die Angehörige anderer Volksstämme und auch Kinder nicht verstehen".

Er bringt über 7 Seiten eine Wörterliste.

8. *Zeichensprache*

Wohl als Erster erkennt und deutet Carl Strehlow die Zeichensprache:

> „Die Zeichensprache kwerinja hat bei den australischen Eingebornen eine geradezu staunenswerte Ausbildung erfahren. Nicht nur kann fast jeder lebende oder leblose Gegenstand durch Zeichensprache dargestellt werden, sondern es gibt auch Zeichen für alle Tätigkeiten des gewöhnlichen Lebens, sodass sich ein Eingeborner durch sie sehr gut mit einem anderen verständigen kann. Ihre Kenntnis ist allgemein, sie wird von allen Erwachsenen, Männern wie Weibern verstanden und da die Eingebornen in der Regel gut Augen haben und aufmerksame Beobachter sind, so wird sie zunächst immer dann angewandt, wenn es sich darum handelt, sich über weite Entfernungen hin zu verständigen. Außerdem wird sie aber auch oft in Anwendung gebracht, wenn der Eingeborne sich zwar leicht mündlich verständigen könnte, aber aus irgendeinem Grunde nicht reden will. Wenn ein Mann bei anderen Männern sitzt und von seiner in der Nähe sich aufhaltenden Frau verlangt, ihm Feuer oder Wasser zu holen, so gibt er ihr seinen Wunsch nicht selten durch die Zeichensprache kund, da ihm auf diese Weise die ‚Anstrengung' des Redens erspart bleibt.
>
> Die Zeichensprache wird aber auch angewandt, wenn es sich um die Äußerung eines verbotenen Wunsches handelt. Wenn z. B. ein Mann fleischlichen Umgang mit einer ihm verbote-

[126] Ibid. S. 44-47

nen Frau begehrt, so bedient er sich nicht selten der Zeichensprache, um ihre Einwilligung zu erlangen, d. h. er fragt sie durch die Zeichen: ‚Du willig?', worauf sie ihm in den meisten Fällen mit dem Zeichen ‚Ja', selten mit ‚Nein' antworten wird.

Außerdem wird der Tod eines nahen Verwandten, dessen Namen man ja nicht aussprechen darf, durch die Zeichensprache mitgeteilt. Will z. B. jemand einem Manne die Nachricht vom Tode seines Bruders mitteilen, so macht er zuerst das Zeichen für ‚Bruder', dann für ‚kalla' (= schon) und dann für ‚sterben'"[127].

Die Zeichen werden mit der rechten Hand gemacht, die in Höhe des Gesichts gehalten wird. Strehlow führt 454 Zeichen auf und beschreibt kurz jedes von ihnen. Diese Zeichensprache haben mehre Stämme gemeinsam; sie endet wenn sie auf eine andere Zeichensprache trifft.

9. Recht

„Poetry is what gets lost in translation"[128].

Einer der ältesten Totemgötter, „Mangarkunjerkunja" = „Fliegenfänger") brachte Regeln für Heiraten nach bestimmten Heirats-Klassen. Er begründete so stark strukturierte Verhaltensmuster und verteilte das Aranda Gebiet unter diese Klassen. Die jeweiligen Mitglieder betrachten das Gebiet dann als ihr Eigentum. Carl Strehlow bringt eine genaue Auflistung der örtlichen Verteilung.

Das „jus talionis" („Auge um Auge, Zahn um Zahn"[129]) ist das grundlegende Gesetz – eingeschlossen die Blutrache. Es gibt kein Verzeihen und keine Gnade. Die Todesstrafe gilt für Mord, schwere Verstöße gegen das Eherecht und für die Störung ritueller Zeremonien. Freiheitsstrafen gibt es nicht. Überhaupt muss man mit Strafen zurückhaltend sein, weil in der harten Umgebung das spezielle Wissen eines jeden Mitgliedes der Gemeinschaft gebraucht wird und man auch deshalb niemanden entfremden möchte.

10. Helfer bei der Herausgabe

Die Herausgabe der ersten Bände betreute Moritz Freiherr von Leonhardi. Den 2. Teil des dritten Bandes gab Francis C. A. Sarg heraus, der aber nicht genannt werden wollte. Dann übernahm Bernhard Hagen die Aufgabe. Moritz von Leonhardi galt als der deutsche Kenner der australischen Ureinwohner[130].

[127] Ibid. Kap.. 12 S. 54f.

[128] Robert Frost (1874-1963)

[129] Ex 21:24s.

[130] H. Völker, Missionare als Ethnologen: Moritz von Leonhard, australische Mission und europäische Wissenschaft, in: R. Wendt (ed.), Sammeln, Vernetzen, Auswerten. Missionare und ihr

Von Leonhardi berichtet im Vorwort des ersten Bandes (1907), dass er sich auf die Herausgabe beschränkt und „sachlich nichts geändert“ habe:

> „Es soll nur das der wissenschaftlichen Welt vorgelegt worden, was Herr Strehlow glaubt festgestellt zu haben und in der Form, wie der die Dinge darzustellen für richtig hält“.

Er wiederholt das in der „Vorrede“ des zweiten Bandes (1908) als Entgegnung auf kritische Bemerkungen in einer deutschen Zeitung:

> „... und so sehe ich mich veranlasst zu erklären, dass durch meine redaktionelle Tätigkeit nichts, absolute nichts – ausgenommen die wissenschaftlichen Namen einiger Tiere und Pflanzen – hinzugefügt worden ist. Ich gebe dem Kritiker vollkommen recht, dass, wenn es anders wäre, der Wert der Veröffentlichung nicht unwesentlich beeinträchtigt würde. Mir sind solche Werke, bei denen eine reinliche Scheidung zwischen der Tätigkeit des Verfassers und des Bearbeiters nicht möglich ist, immer sehr unsympathisch gewesen. Alles also, was ich in den zwei Heften in Druck gegeben habe, ist das Forschungsergebnis und die Ansicht Strehlow“.

11. Innerkirchliche Kritik

Carl Strehlows Vorgesetzter in Adelaide, Pastor Kaibel, war nicht glücklich über dessen Forschungen:

> „My heartfelt thanks for sending me your work on the Aranda. It is a beautiful monument of German diligence. In any case, the material which has been brought into written language is the most worthless one can think of. Almost all is chaff with hardly a kernel of moral value here and there. It certainly needed not a little self-denial on your part to have recorded those thoughtless legends in which only an ethnographer could be interested. I do not doubt at all the historiographic value of your recordings as sole monuments of a tribe which is vanishing from the earth. In reality, it is a deeply sad tragedy which happens before our eyes, the extinction of the Australians affirming an adage which otherwise does not always hold good: ‚The history of the world is the judgment of the world!‘... Even more so the Biblical ‚Whosoever hath not, from him shall be taken away even that he has...“[131].

Doch verstand Pastor Kaibel die praktischen Zwecke:

> „If you could dispose of another copy and if you could place it at the disposal oft the Chief Justice, that would serve a good purpose. This gentleman has accepted with great pleasure your book on the Aranda and the New Testament in Dieri and has expressed himself most knowledgeably about our missionary work“[132].

Beitrag zum Wandel europäischer Weltsichten, Tübingen 2001, S. 173; Anna Kenny, A sketch portrait: Carl Strehlow's German editor Baron Moritz von Leonhardi, in: Strehlow Research Centre, Occasional Paper No. 4, Collaboration and Language, Alice Springs 2005, S. 54

131 Quoted from Walter F. Veit, Labourer (oben Fn. 27) S. 29; id., Social Anthropology (oben Fn. 99) 92, 94

132 Zitiert nach. ibid. p. 95

IV. Strehlow – Spencer Streit[133]

„Sonnet – To Science
Science! True daughter of Old Time thou art!
Who alters all things with thy peering eyes.
Why preyest thou thus upon the poet's heart,
Vulture, whose wings are dull realities?
How should he love thee? or how deem thee wise?
Who wouldst not leave him in his wandering
To seek for treasure in the jewelled skies,
Albeit he soared with an undaunted wing?
Hast thou not dragged Diana from her car[134]?
And driven the Hamadryad[135] from the wood
To seek a shelter in some happier star?
Hast thou not torn the Naiad[136] from her flood,
The Elfin from the green grass, and from me
The summer dream beneath the tamarind tree?[137]"[138].

1. Spencers Sicht

„The less contaminated by theory, the more valuable the observation is"[139].

Das Werk führte zu einer scharfen Auseinandersetzung mit Baldwin Spencer (1860-1929), einem führenden englischen Anthropologen

Spencer schrieb das Buch „The Native Tribes of Central Australia"[140]. Er hielt die Ureinwohner unter dem Eindruck des Darwinismus als verdammt zum Aussterben; der Verlust der Tradition werde sie vernichten. Wichtig war daher, ihre Gewohnheiten vorher aufzuzeichnen[141]. Er kannte die Sprache der Aborigines kaum und brauchte Übersetzer.

Der Streit ging um die Gottesvorstellung. Das erste Kapitel in Strehlows Buch heißt „Altjira". Im Index am Ende des Bandes[142] ist das Wort angegeben

133 John Strehlow, Reappraising Carl Strehlow: Through the Spencer-Strehlow Debate, in: Strehlow Research Centre, Occasional Paper 3, Alice Springs 2004, p. 59
134 Ihr „Fahrzeug" ist der Mond
135 Eine Baumnymphe, die mit dem Baum lebt und stirbt in dem sie sich befindet
136 Flussnymphe
137 Ein Baum, dessen Früchte als Nahrung und als Medizin genutzt werden
138 Edgar Allan Poe (1809-1849)
139 Ferdinand von Richthofen, Geologie, in: Georg B. Neumayer (ed.), Anleitung zu wissenschaftlichen Beobachtungen auf Reisen, Bd. 1 (Berlin 1888) S. 114
140 London 1899
141 John Strehlow, Reappraising Carl Strehlow: Through the Spencer-Strehlow Debate, in: Strehlow Research Centre, Occasional Paper 3, Alice Springs 2004, S. 59, 69
142 S. 42

mit „höchstes Wesen". Spencer hatte von Strehlows „Entdeckungen" gehört und schrieb darüber in einem Brief[143]:

> „Now... Strehlow comes forward with the momentous discovery that in the Arunta, ‚there is a Being of the highest order called Altjira or Altjira mara' (mara = good); that ‚Altjira is the highest divinity; he is the creator of the world and maker of men' (sounds rather Scriptural). The paper only occupies 11/2 pp. foolscap, but has more utter misleading nonsense packed into a small space than I recollect having come across before...
>
> If you see it stated that the Arunta can now be added to the long list of savage tribes who believe in an „All-Father" and „High God", you will understand what it means. The trouble is, how are people to determine what is truth and what is not? ".

Nach der Veröffentlichung des ersten Bandes bemerkte er:

> „I don't know what to do in regard to Strehlow. He is so uneducated that he can't write publishable German. Lang sent me his original MS., and there is no wonder that it had to be edited by an educated man; how much and in what direction it becomes changed in the process of editing of course we do not know, but that it does become changed I am sure"[144].
>
> „It seems to me that he has got things muddled up in hopeless fashion".

In seinem späteren Buch „The Arunta"[145] warnt Spencer:

> „It must be remembered that Mr. Strehlow's work, admirable as it is, was done entirely in the study and was based wholly on information gained from natives who had been, for at least twenty-five years, not only under the influence of the missionaries, but also dependent upon them".

Spencer meinte, Strehlow habe bei den Aborigines einen Glauben entdeckt *„that was itself introduced by the missionaries"*[146]. Er vermutete, dass Strehlow von seinen bekehrten Heiden keinen wahrheitsgetreuen Bericht erhielt, sondern eine Version, die vermischt war mit christlichen Sichten.

1923 besuchte Spencer Hermannsburg – sechs Monate nach Strehlows Tod. Er empfiehlt, dass die australische Bundesregierung die Missionsstation übernehme und sie der Heilarmee anvertraue. Es sei „wesentlich", dass *„men and women of British origin and sound common sense should be in charge"*[147].

Spencer beobachtete viele rituelle Zeremonien. Aber wegen seiner fehlenden Sprachkenntnisse kam es zu keiner näheren Begegnung mit Ureinwohnern. Er behauptete, dass die Aborigines *„neither knew nor understood what they were singing"*, doch auch er fühlte, dass erst die Gesänge den Sinn der Rituale er-

[143] Quoted from Sam D. Gill, Storytracking (oben Fn. 26) S.99

[144] R.R. Marett/T.K. Penniman (eds.), Spencer's Scientific Correspondence with S. J.G. Frazer and Others, Oxford 1932, S. 109

[145] Baldwin Spencer/Francis Gillen, The Arunta. A Study of Stone Age People, London 1927, S. IX

[146] Sam D. Gill, Storytracking (oben Fn. 26) S. 100

[147] Zitiert nach ibid. S.91

schlossen[148]. Carl Strehlow dagegen war bei keiner Zeremonie zugegen; aber er sprach Aranda und verstand den Text vieler Gesänge

2. *Strehlows Sicht*

„Tact is the most important characteristic“[149].

Der einschlägige Teil in Carl Strehlows ersten Band lautet so:

> „Nach der Überlieferung der Alten gibt es ein höchstes gutes (mara) Wesen, Altjira. Dasselbe ist ewig (ngambakala) und wird als großer starker Mann von roter Hautfarbe, dessen langes, helles Haupthaar (gola) über seine Schultern herabfällt, vorgestellt. Altjira hat Emufuesse (ilia = Emu, inka = Beine, Füsse) und wird daher Altjira illiinka genannt.
>
> Seine Wohnung ist der Himmel (alkira), der von Ewigkeit her gewesen ist (ngambakala); denselben stellen sich die Eingeborenen als ein Festland vor...Die Sterne (mit Ausnahme einiger Sternbilder, welche als zum Himmel aufgestiegene Totem-Götter angesehen werden) sind die Lagerfeuer Altjiras....
>
> Altjira ist der gute Gott der Aranda, der nicht bloss den Männern, sondern auch den Weibern bekannt ist. Sein Herrschaftsgebiet erstreckt sich jedoch nur über den Himmel; die Menschen hat er weder geschaffen, noch bekümmert ihn das Ergehen derselben. Tjurunga-Hölzer oder Steine von Atjira gibt es nicht. Die Aranda haben weder Furcht vor Altjira noch Liebe zu ihm; ihre einzige Befürchtung ist nur, dass eines Tages der Himmel einfallen könne und sie alle erschlagen würde. Der Himmel ruht auf Pfeilern oder wie die Aranda sagen auf steinernen Beinen“[150].

In der Anmerkung[151] dazu heißt es:

> „Eine sprachliche Ableitung des Wortes Altjira konnte noch nicht gefunden werden; die Eingeborenen verbinden damit jetzt den Begriff des Nicht-Gewordenen; über die Bedeutung befragt, versicherten sie mir wiederholt, Altjira bezeichne einen, der keinen Anfang habe, der nicht von einem anderen hervorgebracht worden sei...Wenn Spencer und Gillen ... behaupten: ‚the word alcheri means dream‘, so ist diese Behauptung nicht zutreffend. Träumen heißt altjirerama, abgeleitet von altjira [Gott] und rama [sehen], also: ‚Gott sehen‘. ...Daß unter altjira ....hier nicht der höchste Gott des Himmels, sondern nur ein Totem-Gott zu verstehen ist, den der Eingeborene im Traum zu sehen glaubt, wird später gezeigt werden. Traum heißt in der Aranda-Sprache nicht alcheri, sondern vielmehr altjirérinja, doch wird dieses Wort selten gebraucht...Das Wort ‚alcheringa‘, das nach Spencer und Gillen ‚Traumzeit‘ bedeuten soll, ist offenbar aus altjirérinja verdorben. Von einer ‚Traumzeit‘ als Zeitperiode weiß übrigens der Eingeborene nichts; gemeint ist die Zeit, in der die Altjiranga mitjina [Traumgötter] über die Erde wanderten“.

Schon 1901 hatte Carl Strehlow in den Kirchlichen Mitteilungen von Neuendettelsau geschrieben:

148 Ibid. S. 142

149 Barbara Murray, Georg Balthasar von Neumayer's Directives for Scientific Research, in: Strehlow Research Centre Occasional Papers 3, Alice Springs 2004, S. 130

150 S. 1

151 S. 2

„Ihr Gott kümmert sich nicht um die Menschen, so wenig wie sie sich um ihn kümmern“[152].

3. *Leonhardis Sicht*

1910 kam Moritz von Leonhardi Strehlow zu Hilfe in seiner „Vorrede“ zu Band III[153]:

> „Es ist notwendig, darüber Rechenschaft zu geben, wie Strehlow die Gesänge gesammelt und sich über die Aufführungen genau unterrichtet hat. Strehlow ist Missionar und sein Amt legt ihm große Verpflichtungen auf; er darf nicht immer das tun, was ein rein wissenschaftlicher Forscher mit Freuden tun würde, z. B. bei den Kultaufführungen selbst zugegen sein. Er befindet sich in dieser Hinsicht entschieden im Nachteil gegenüber den zwei anderen Forschern, denen wir die ersten umfassenden Darstellungen der totemistischen Kulte der Aranda verdanken. Was die beiden Werke von Spencer und Gillen in erster Linie so unvergleichlich wertvoll macht, sind die Schilderungen der selbst miterlebten Zermonien und die Fülle der davon aufgenommenen Photographien….Dem gegenüber müssen die Beschreibungen Strehlow's zweifellos hinsichtlich der Anschaulichkeit zurücktreten. Aber andererseits kann Strehlow diesen Mangel reichlich gut machen. Spencer und Gillen waren offenbar bei ihren Untersuchungen sehr behindert durch die mangelhafte Kenntnis der Arandasprache. Dass Gillen, …, sich im Verkehr mit den Eingeborenen des pidginenglisch, untermischt mit einzelnen Arandaworten, bedient, weiss ich von Strehlow, der ihn persönlich kennt und seinen Verkehr mit den Schwarzen beobachtet hat; von Spencer, der nur vorübergehend im Gebiet sich aufgehalten hat, ist eine gründliche Sprachkenntnis kaum zu erwarten. …Strehlow dagegen ist der Aranda- und ebenso der Loritjasprache vollkommen mächtig und so konnte er seinerseits wissenschaftliche Erfolge erzielen, die Spencer und Gillen versagt waren und die geeignet sind, weitere und tiefere Einblicke in das Denken und in die ganze Anschauungsweise der zentralaustralischen Eingeborenen zu ermöglichen. Schon die einfache Tatsache, dass die Übersetzung der Kultgesänge gelungen ist, ist ein grosser Erfolg. Hatte man doch seither nach Spencer und Gillen's Angabe sogar glauben müssen, dass die Aufführenden selbst nicht wüssten oder verstünden, was sie sangen. Gewiss singen diese Lieder eine Reihe der Männer ohne jedes Verständnis, noch mehr tun dies die Weiber und Kinder bei Aufführungen und Tänzen, denen sie beiwohnen dürfen; aber die alten Männer, die Träger der Traditionen, wissen genau, was die Aufführungen im Einzelnen bedeuten und verstehen die die gesungenen Lieder und können sie erklären. Führen Spencer und Gillen einmal Worte oder Gesänge an oder geben sie vereinzelte Übersetzungen derselben oder auch nur Worterklärungen, so sind dieselben häufig nicht richtig. Ich gebe einige Beispiele…
>
> Die Forschungsmethoden Strehlow's und die Spencer und Gillen's sind und mussten verschieden sein, und die Resultate sind dementsprechend auch des öftern verschieden. Die Verschiedenheit der Methoden ermöglichen aber auch eine gegenseitige Kontrolle und ergänzen sich dadurch“.

V. Ludwig Leichhardt

Die Schärfe der Auseinandersetzung Spencer/Strehlow spiegelt die veränderte Stimmung auch im Gefolge des Ersten Weltkriegs. Wie die Verbindung „Adel-

[152] Zitiert nach John Strehlow, Reappraising (oben Fn. 133) S. 76

[153] S. V – VII

heid"/„Adelaide" andeutet, bestand anfangs – schon wegen vieler deutscher Einwanderer – eine gewisse Nähe zu Deutschland[154]. Das beruhte nicht darauf, dass der spanische Seefahrer Pedro Fernandes Quiros (1563-1615) „Australia del Espiritu Santo" 1606 nach dem Haus Österreich („Austria") benannt hatte, das damals in Spanien herrschte[155]. „Deutsch" hatte aber einen guten kulturellen, wissenschaftlichen und wirtschaftlichen „Klang". Darauf weist etwa das neogotische Gebäude des Konsulats in Freemantle am Indischen Ozean. Verbindend wirkte der deutsche Naturkundler Ludwig Leichhardt (1813-1848), auch „Voss" (= „The Fox") genannt; er fand 1844-1845 als erster den Weg von Sydney nach Darwin. Sein Werk „Journal of an Overland Expedition in Australia from Moreton Bay to Port Essington, A Distance of upwards of 3000 Miles, during the Years 1844-1845"[156] ist ein australischer Klassiker. Das Buch trägt auf der Titelseite als Motto:

> „Die Götter brauchen manchen guten Mann
> Zu ihrem Dienst auf dieser weiten Erde"

aus Goethes „Iphigenie auf Tauris". 1848 versuchte Leichhardt Australien von Ost (Sydney) nach West (Perth) zu durchqueren. Er kam nicht zurück; bis heute weiß man nicht, wo er starb. Eine australische Tragödie[157], die jetzt Gegenstand der Folklore ist. Zu erwähnen sind Patrick White's Roman „Voss" (1957) und Richard Meale's darauf aufbauende Oper (1986).

Der Mount Olga im Uluru Nationalpark wurde 1872 benannt nach der Königin Olga von Württemberg.

VI. Gallipoli[158]

> „Durch den Weltkrieg hat das Deutschtum in Australien einen Stoß erhalten, von dem es sich wohl kaum je erholen wird"[159].

Den Bruch brachte der Erste Weltkrieg (1914-1918). Am 25. April 1915 (Anzac Day) landete das in Ägypten trainierte „Australian and New Zealand Army

[154] Gerhard Fischer, Auf den Spuren Georg Forsters: Die deutschen „48er" Emigranten in Australien, Internet-Zeitschrift für Kulturwissenschaften 16. Nr. März 2006, 6.3 Die Entdeckung der Welt in Literatur und Wirklichkeit.

[155] Zur Geschichte Australiens Robert Hughes, The Fatal Shore, London 1997; Augustin Lodewyckx, The Name of Australia: Its Origin and Early Use, The Victorian Historical Magazine, 13 Nr. 3 (1929) 100

[156] London 1847

[157] Siehe auch M. Aurousseau (Hrsgl), The Letters of F. W. Ludwig Leichhardt, Bd. 1-3, Cambridge 1968

[158] Kevin Meade, Heroes before Gallipoli, Sydney/Melbourne 2005

[159] Augustin Lodewyckx, Die Deutschen in Australien, Stuttgart 1932

Corps" (Anzac) aus Freiwilligen auf der Gallipoli Halbinsel bei den Dardanellen, die Europa mit Asien verbinden. Das Osmanische Reich gefährdete die britischen Interessen im Mittleren Osten, den Suez Kanal, den Seeweg nach Indien und damit das gesamte Empire. Zugleich sorgte man sich um die deutsch-österreichische Orientpolitik, die einen Zugang zum Indischen Ozean und zum Pazifik suchte über den Persischen Golf (Bagdad Bahn). Die Freiwilligen sollten die Kontrolle der Dardanellen sichern und Konstantinopel (jetzt Istanbul) besetzen.

Das verursachte eine „*inevitable tragedy*" [160]. Die türkischen Truppen standen unter dem Befehl des deutschen Generals und türkischen Marschalls Liman von Sanders (1855-1915), 1918 Oberbefehlshaber einer Heeresgruppe in Syrien[161]. Die Australier verloren 26.111 Mann, 8.141 von ihnen starben[162]. Die Überlebenden zogen sich am 19. und 20. Dezember 1915 zurück. Sie kamen an die Westfront in Süd-Belgien und Nord-Frankreich und erlebten dort die Aussicht auf den sofortigen Tod in einem bisher nie dagewesenen Blutbad[163]. Die Bilanz war: 60.000 Tote, 140.000 Verwundete.Von den osmanischen Truppen fielen 86.692 Mann. (Mustafa Kemal Atatürk: „*Ich befehle euch nicht anzugreifen, ich befehle euch zu sterben*")[164].

VII. Folgen für die Mission

Die „*German hating days*"[165]des Ersten Weltkrieges bescherten der Mission in Hermannsburg eine kritische Aufmerksamkeit. Obgleich die Strehlows naturalisierte Australier waren, verdächtigte man sie, mit den Deutschen zu sympathisieren. Viele Stimmen verlangten, die Station in Hermannsburg zu schließen als „*Teuton spies-nest*" „*Germanizing the natives*". Die finanzielle Unterstützung entfiel bis 1923. Carl Strehlow warf man vor, dass er die Eingeborenen Deutsch lehre und telegraphische Nachrichten zur nationalen Sicherheit abfange. Er und seine Frau durften nur noch mit polizeilicher Genehmigung reisen. Die Welt war gerettet „*from the huns*", aber tausende entlassener Soldaten lebten in Armut, schliefen auf den Straßen von Sydney. Heute spricht man voller Trauer von der „*völkerverbindenden Kraft des gemeinsamen Leids*". Carl Strehlows Werk konnte sich nicht mehr entfalten.

160 Denis Winter, 25 April 1915, The Inevitable Tragedy, St Lucia 1994; Paul Carrington, Could and Should America Have Made an Ottoman Republic in 1919?, William and Mary L. Rev. 48 (2008) 1071

161 Liman von Sanders, Fünf Jahre Türkei, Berlin 1919

162 Australian Government, The Gallipoli Campaign

163 R. W. Walker, To What End did they Die?: Officers killed at Gallipoli, Worcester 1985

164 Christoph Ehrhard, Türken-Reise ins innerste Australien, FAZ 28.4.2008 Nr. 99 S. 3

165 Sam D. Gill, Storytracking (oben Fn. 26) S. 48

VIII. Horseshoe Bend[166]

Carl Strehlows Leben endete unter dramatischen, traurigen Umständen. Er wurde *„sick and broken like his predecessors“*[167]. Als sich sein Zustand infolge einer Herzerkrankung verschlechterte, musste er Hermannsburg am 10. Oktober 1922 verlassen, gemeinsam mit seiner Frau Frieda und seinem Sohn Theodor. Er bat die Missionszentrale in Adelaide dringend um einen Autotransport; das wurde abgelehnt wegen der hohen Kosten. So quälte sich die Familie über ca. 230 km in einer Kutsche auf einem Kamelpfad entlang des Finke River, um einen Zug nach Adelaide zu erreichen. Nach neun Tagen mit großen Schmerzen starb Carl Strehlow am Horseshoe Bend (Hufeisen Bogen) des Flusses. Seine Frau stimmte eines seiner Lieblingslieder an: *„Sollt es gleich bisweilen scheinen...“* als Carl sie unterbrach: *„Sing das Lied nicht mehr, Frieda. Gott hilft nicht“*[168]. Dann starb er. Der Bericht seines Sohnes Theodor darüber ist eine australische Tragödie.

K. AUSKLANG

Letztlich scheiterte die christliche Mission in Hermannsburg. Die Ureinwohner verstanden nach wie vor nicht, was „Wort Gottes“ ihnen bedeuten sollte. Sie hatten eine andere Sicht auf das Wort in ihrer Kultur:

> „The old men believed that they knew the creative words the totemic ancestors had used in the creative period of their wanderings to shape the earth and create its flora and fauna, and that these words were contained in their tjurrunga. They believed furthermore that they were the reincarnation of the various totemic ancestors, and that when they used the same creative words in the prescribed ritual, and at the right locations, then they helped maintain this world and guaranteed the continuation of the flora and fauna on which their lives depended“[169].

> „The Word of God that the Christians had come to believe stated...that the God...maintains what he has created. It is evident ...that the Aboriginal Christians saw the incompatibility of the two belief systems and gave up their rituals aimed at increasing the local flora and fauna. However, they did not give up their tjurrunga, for these served other functional needs, such as defining each local descent group's land“[170].

[166] Theodore Strehlow, Journey to Horseshoe Bend, Alice Springs 1969
[167] Ibid. S. 90
[168] Vgl. jedoch Habakuk 1:2
[169] Paul G.E.Albrecht, Friedrich Wilhelm Albrecht (oben Fn. 55) S. 113f
[170] Ibid. S. 114

Die traditionellen Initiationsriten lebten weiter, ebenso die Besuche bei Medizinmännern – wenn auch zunächst im Verborgenen; die Kirchenältesten rügten deswegen nie jemanden. Sie beanstandeten nicht, wenn jemand weiterhin „tjurunga" verehrte[171].

Carl Strehlows Nachfolger, Friedrich Wilhelm Albrecht interessierte sich nicht für die örtliche Kultur: Er sah darin einen heidnischen Irrglauben und ein Hindernis für das Wachsen der Kirche. Das war das Gegenteil von dem, was Carl Strehlow ansprach. Hermannsburg blieb keine christliche Gemeinde[172].

L. THEODOR GEORG HEINRICH STREHLOW[173]

„The experience of art precedes and outlasts the meaning we assign to it"[174].

I. Person

Theodor Strehlow wurde 1908 in Hermannsburg/Australien geboren. Gemäß lutherischer Tradition lernte er Orgelspielen, Latein und Griechisch. Deutsch und Aranda waren seine Muttersprachen, Aranda Kinder seine Spielgefährten. Bald wurden ihm die anderen Weltsichten deutlich und er *„identified with the aborigines"*[175]. Er sah sich selbst *„like his black informants, linked to the soil of Central Australia by his birth and by years of residence and travel over its vast spaces"*[176].

Nach dem Tode ihres Mannes zog Frieda Strehlow mit ihrem Sohn nach Adelaide. Theodor besuchte dort das stark deutsch beeinflusste Immanuel College und danach die Universität Adelaide. Er machte seinen Abschluss in Englisch und Linguistik; er hielt Distanz zur lutherischen Kirche, der er den Tod seines Vaters vorhielt. 1932 reiste er nach Zentral-Australien und widmete fortan sein ganzes Leben den Aborigines. Zwischen 1932 bis 1955/58 und 1960/62 bis 1967 machte mehrer Forschungsreisen durch Australien. Im Zweiten Weltkrieg diente er in der australischen Armee.

171 Ibid. S. 114

172 Ibid. S. 114

173 Barry Hill, Broken Song, Sydney u.a.. 2002

174 David Lehman, The Sound of Poetry, Wall Street J. Europe, Frida-Sunday, April 7-9, 2006, S. W 19

175 Sam D. Gill, Storytracking (oben Fn. 26) S. 73

176 Theodore Strehlow, Songs (oben Fn. 17) S. XLVf.

1935 heiratete Theodor Strehlow Berta James, die aus einer angesehenen Familie in Adelaide stammte[177]. Beide waren religiös, aber da er lutherisch und sie anglikanisch war besuchten sie nur selten dieselbe Kirche[178]. Bertha schenkte ihm nach drei Fehlgeburten[179] drei Kinder, Theo, Shirley und John[180]. 1972, nach 36jähriger Ehe, kam es zur Scheidung, weil Theodor Strehlow sich einer Jüngeren zuwandte. Ein sehr bitteres Ende, das seine Kinder aus der Ehe nie verwanden. Er heiratete dann Kathleen Stuart; mit ihr hatte er einen Sohn Carl. Die beiden wurden seine Alleinerben. Die letzten Worten an seinen ältesten Sohn Theodor waren: *„Kümmere Dich um Deine Mutter, Theo“* [181].

Anders als sein Vater besuchte Theodor Strehlow viele Zeremonien der Aborigines. Er nahm teil an mehrere hundert Ritualen, die weder vor noch nach ihm ein Weißer je sehen durfte; viele davon sind heute verloren. Dabei erfasste er 5.070 Gesangsverse. Er sammelte die „tjurunga“ in seinem Haus[182]. Sie waren ihm häufig anvertraut worden von Häuptlingen, die am Fortleben ihrer Kultur zweifelten; sie sahen in ihm einen Treuhänder. Da er jedoch fühlte, wie wenig seine Arbeit geachtet wurde, gab er niemandem Einblick in die Kollektion. Sie ist jetzt im Strehlow Research Centre in Alice Springs begrenzt zugänglich[183].

Am 3. Oktober 1978 wurde die Strehlow Research Foundation der Öffentlichkeit vorgestellt.Theodor Strehlow starb am Nachmittag desselben Tages in seinem Büro als er gerade Gäste empfing.

II. Zerrissenheit

1949 schickten die Strehlows ihre Kinder nach Zentral-Australien, damit sie Hermannsburg kennenlernten. Ihr Sohn Theodor berichtet davon:

> „When my father put me onto the train he said: ‚Now Theo, I hope that when I see you again, you'll be a bushman‘. All the way up on the Ghan I reflected on these words. My mother was unable to enlighten me“.

177 Shirley Crawley (née Strehlow), Bertha Strehlow, in: Strehlow Conference 2002 (oben Fn. 39) S. 106

178 Theodor Strehlow, Memories of my Father: T.G.H. Strehlow, ibid. S. 101, 102

179 Ibid. S. 101

180 Cf. Shirley Crawley, Bertha Strehlow, in: Strehlow Conference 2002 (oben Fn. 39) S. 101

181 Ibid. S. 105

182 Einen Überblick gibt Simon Pockley, The Flight of Ducks, an online documentary about Australian culture, http://www.duckdigital.net/FOD/FOD0004.html

183 http://www.nt.gov.au/strehlow/

Er fährt fort:

> „My father was always very proud to be able to live in two worlds: as a bushman in the Centre and as an educated man in the city, but even he would never have ventured too far off the beaten track without his trusted Aboriginal help“[184].

Eine Aborigines Frau, indes, sagte über Theodor Strehlow:

> „But he spoiled himself by reminding everyone that he'd been born at Hermannsburg Mission, and had grown up with Aboriginal children, speaking their language. Fair enough, I suppose. But if a cat's born in a stable, that doesn't make it a horse, does it? Ted Strehlow's birthplace didn't make him an Aboriginal. That's just nonsense“[185].

1950 kam Strehlow nach Deutschland. Er blieb einige Wochen bei seiner Mutter, seinem einzigen noch lebenden Bruder und seiner Schwester. Er schrieb in sein Tagebuch:

> „Somehow, the fact remains that I am an Australian and they are Germans; we have virtually no common family experiences to tie us together“

Er schließt mit:

> „My own life has made a rebel of me“[186].

Kein Wunder, dass Theodor Strehlow ein einsamer Stürmer und Dränger wurde: Er folgt seinen eigenen Vorstellungen und Regeln; das trennt ihn von Vielen[187]:

> „All shuffle there, all cough in ink;
> All wear the carpet with their shoes;
> All think what other people think;
> All know the man their neighbour knows“[188].

Er sah die andere Kultur von innen her, konnte in sie soweit „eintauchen“, sie „erleben“ wie es einem Fremden nur eben möglich ist. Er ist einer der Wenigen, die Kulturen verbinden mit einem wachen Blick für menschliche Universalien[189]. So balancierte er aus zwei fast unvereinbare Weltsichten, „schaute“ er zusammen zwei Wirklichkeiten. Er (und seine Familie) zahlten dafür einen hohen Preis: Er hatte zwei Kulturen schon „mit der Muttermilch“ in sich „aufgesogen“; er lebte in zwei Welten und gehörte zu keiner ganz. Das machte ihn zu einem „schwierigen“ Einzelgänger[190].

184 Ibid. p. 101, 103
185 War McNally, Aborigines, Artifacts and Anguish, Adelaide 1981, S. 145
186 Zitiert nach Theodor J. Strehlow, Memories (oben Fn. 177) S. 104
187 Philip Jones, A Maverick and His Mentors, in: Strehlow Conference 2002 (oben Fn. 39), S. 36
188 William Butler Yeats (1865-1939), The Scholars
189 Dau Wolfgang Fikentscher/Michael T. McGuire, A Four-Function Theory of Biology for Law, Rechtstheorie 25 (1994) 291
190 Strehlow, Theodor George Henry (1908-1978), Australian Dictionary of Biography – Online Edition.

III. Zweiter Weltkrieg

Dazu trug bei, dass Theodor Strehlow sich als Deutscher verfolgt fühlte:

> „Well, firstly, nothing about Germans. There had just been a terrible war which left families without sons and husbands, and man young women with no prospect of marrying or having children within wedlock, and this was all blamed on the Germans. So TG suppressed his background. His mother back in Germany disappeared from the record, as did his brothers and sister and many relations. He became a mystery man of imprecise origins, who just sort of sprang up out of the virgin soil of Central Australia perfectly formed like a totemic ancestor, the whole life of creative activity before him. To this day, there are many who find it hard to accept that TG had four brothers in Germany, as well as a sister who only died in 1998"[191].

Wegen seiner deutschen Herkunft war er während des Zweiten Weltkriegs Ziel von Anschuldigungen; 1941 nannte man ihn einen „Nazi" [192].

IV. „Songs of Central Australia"[193]

> „Dichterisch wohnet der Mensch"[194].

> „For Poesy alone can tell her dreams,
> With the fine spell of words alone can save
> Imagination from the sable chain
> And dumb enchantment"[195].

Theodor Strehlow veröffentlichte 1947 „Aranda Traditions"[196]. Sein wichtigstes Werk aber ist „Songs of Central Australia", das 1971 erschien; es ist heute kaum mehr erhältlich. Damit wollte er anknüpfen an die Arbeit seines Vaters, deren Nichtbeachtung er schmerzlich empfand:

> „C. Strehlow's work ...has been largely neglected, with rare exceptions, by most English speaking anthropologists to the present day"[197].

[191] John Strehlow, Shifting Focus, in: Strehlow Conference 2002 (oben Fn. 39), S. 117f.
[192] Barry Hill, Strehlow's Poetic Unities, in: Strehlow Conference 2002 (oben Fn. 39) S. 33
[193] Sydney u.a. 1971.
[194] Friedrich Hoelderlin, 1770 – 1843, In lieblicher Bläuel
[195] John Keats, 1795-1821, The Fall of Hyperion
[196] Carleton 1947
[197] Songs (oben Fn. 17) S. XXII

1. *Inhalt*[198]

> „In Central Australia verse we find literary matter probably not unsimilar to the raw material from which poets like Homer's predecessors hammered out poetry as an independent medium of artistic expression"[199].

Das Buch hat 775 Seiten. Nach einer ausführlichen Einleitung folgen vier Hauptteile:

1. The Rhythmic Measures and the Musical Structure of the Central Australian Songs
2. The Language and the Verse Structure of the Songs
3. Subject Matter and Themes of Songs
4. Final Summary

Auf der Innenseite des Einbandes am Ende findet sich eine Karte „Aboriginal Central Australia". Es gibt keine zweite Auflage. In Australien ist das Buch außerhalb öffentlichen Bibliotheken kaum erhältlich – allenfalls in Antiquariaten (zu einem sehr hohen Preis, der in die Tausende geht)

Das Buch behandelt etwa 800 Gesänge Zentral-Australiens mit ihren melodischen Rhythmen. Theodor Strehlow fasst den Gehalt so zusammen: Nach dem Glauben der Aborigines stammen diese Lieder von den totemistischen Vorfahren. Sie sollen unverändert von weitergegeben werden; nur so bewahren sie ihre magische Kraft[200]. Die Aborigines sehen in diesen Liedern ihren größten Schatz[201] voller ewiger Wahrheiten. Die Lieder gelten als Ausdruck von absoluter Wahrheit und Schönheit. Rituelle Bewegungen setzen im Körper Ströme von Energie frei, schaffen mächtige Vorstellungen.Gesang und Tanz verwandeln die Teilnehmer wieder in ihr früheres Sein als totemistische Vorfahren[202].

Theodor Strehlow glaubte, dass die Poesie in allen Kulturen früher als die Prosa sei und dass selbst die „primitivsten" Verse geprägt seien durch ihre metrische Form, ihren Rhythmus und ihre Satzstruktur[203]. Er übersetzte *„to reproduce faithfully both the matter and the spirit of the original*"[204]. Poesie

[198] Vgl. Bernhard Grossfeld/Edward Eberle, Law and Poetry, Roger Williams L. Rev. 11 (2006) 353; Bernhard Grossfeld, Language, Poetry, and Law, in: Thomas Lundmark/Astrid Wallow (Hrsg.), Law and Language – Recht und Sprache, Münster 2006, S. 27

[199] Songs S. 657

[200] Ibid. S. 126

[201] Ibid.S. 243

[202] Ibid.S. 244

[203] Ibid.S. 4

[204] Zitiert nach John Mulvaney, „The purpose of a good translation": T.G.H. Strehlow and the Oral History of Barrow Creek, in: Strehlow Conference 2002 (oben Fn. 39) S. 84

formt eine „Untergrund"-Verbindung zwischen Leben und Sprache[205], dient dazu, ein harmonisches Gemeinschaftleben in der jeweiligen Umwelt zu schaffen[206]. Er wählte den Ausdruck „songs" im Titel des Buches wegen der Assoziation mit dem „Hildebrandslied" und mit dem "Nibelungenlied"; dadurch hob er die Aranda Lieder auf die Ebene der Weltliteratur[207]. Aber er betonte:

> „This has been done in a deliberate attempt to keep true to one of my basic principles: to avoid the introduction into my consideration of Aranda and Loritja poetry of a priori classification and the imposition of critical assessments based upon non-Australian verse material"[208].

Entscheidend aber war: Theodor Strehlow fand die Rechtsgeographie und ihre Beziehung zu Ordnungszeichen:

> „Each of these poems is associated with a definite ceremonial centre and with a mythical supernatural being or a mythical group of totemic ancestors. Hence a ‚song' is the complete set of the verses associated with any ceremonial site and pertaining to the doings of any single mythical being or group of local totemic ancestors"[209].

2. Begegnung/Anschauung

Theodor Strehlow betont, dass seine Berichte auf Erfahrung und Anschauung beruhen, auf sinnenhafter Begegnung. Damit hebt er sich ab von zwei Autoren aus den USA (Mircea Eliadeon/Jonatha Z. Smith), die als Experten galten für die Religion der Aborigines: Beide waren nie in Australien[210].

3. Neue Horizonte[211]

> „Ein Wort aber – das weißt du selber beginnt
> an einem bestimmten ort;
> es wandert von dort nicht einfach fort"[212].

Theodor Strehlow achtete das Werk seines Vaters hoch, er fasste es zusammen und führte es weiter. Anders als bei seinem Vater kamen seine Eindrücke nicht von Berichten anderer sondern von selbst Erlebtem, von vielen Reisen und

205 Songs (oben Fn. 17) S. 243
206 Barry Hill, Strehlow's Poetic Unities, in: Strehlow Conference 2002 (oben Fn. 39) S. 30
207 Sam D. Gill, Storytracking (oben Fn. 26) S. 167
208 Songs (oben Fn. 17) S. XL
209 S. XIII
210 Einzelheiten bei Sam D. Gill, Storytracking (oben Fn. 26) S. 210
211 Bernhard Grossfeld, Geography and Law, Michigan L. Rev. 82 (1984) 1510; ders./Marion Welp, Adolf Bastian und die Geography im Recht, Rechtstheorie 25 (1994) 503
212 Albert Brennink, Bärentaten (oben Fn. 62) S. 49

Aufenthalten in der Welt der Aborigines in einer jeweils besonderen Landschaft. Er hatte viele Zeremonien an verschiedenen Orten besucht wenn er durch weite Teile der australischen Wildnis reiste Er betonte oft, dass er in Hermannsburg geboren sei[213] und die dortige Sprache beherrsche; er identifizierte sich mit den Aborigines. Aus seiner Sicht übersteigerten die Anthropologen den Unterschied zwischen Aborigines und weißen Australiern[214].

Er konnte jedes Lied und jedes Ritual einem Ort zuweisen, es „verorten". Die Lied-Gedichte versetzen den Sänger in ein benanntes und verstandenes Land[215]. Sein Werk ist deshalb nicht zuerst ein Buch über Lieder sondern über und für das Land als Spender und Empfänger des Lebens. Die Lieder sind „geo-songs", „Erdlieder". Die Aborigines sprechen mit der Erde, singen sie an und fühlen sich für sie verantwortlich. *„Everything comes up out of ground – language, people, emu, kangaroo, and grass. That's Law"*[216].

Deshalb leben die Aborigines in einer „totemischen Landschaft", die durch Lieder „verkartet" ist. Diese Sicht schafft Stabilität zwischen den ständig herumstreifenden Gruppen mit verschiedenen Sprachen; sie ist Grundlage der Autorität, wie sie aus Landschaft und Religion erwächst. Zentral-Australien ist eine Reihe von „verheißenen Ländern", jedes mit seinem eigenen „auserwählten Volk" [217]:

> „One's totem identity is determined by the ‚conception site', that is, the place where one's mother is when she first realizes she is pregnant...If, at the time, she is near a feature in the land that is identified with an ancestor, the unborn child's totem is that of the identified ancestor. If no obvious determination can be made, the woman's husband consults with the elders, who search the mythology for some ancestor who travelled nearest to where the woman was"[218].

4. Reinkarnation

Grundlegend ist der Glaube an die Reinkarnation[219]: Der Wert des Lebens ist vorgegeben in den heiligen Ursprüngen der Welt. Die Seele des Vorfahren dringt ein in den Leib der schwangeren Mutter, aber bleibt zugleich am Totem Ort. Das erklärt das Interesse an Liedern: Wenn man sie am richtigen Ort singt,

[213] Songs (oben Fn. 17) S. 114
[214] Ibid. S. 161
[215] Deborah Bird Rose, Nourishing Terrains: Australian Aboriginal Views of Landscape and Wilderness, Canberra 1996, S. 9
[216] Deborah Bird Rose, ibid. S. 31
[217] Zitiert nach Deborah Bird Rose, ibid. S. 9
[218] Sam D. Gill, Storytracking (oben Fn. 26) S. 162f.
[219] Songs (oben Fn. 17) S. 244

reinkarnieren sie die Vorfahren, machen sie dessen Kräfte zu den eigenen: „*The doctrine of reincarnation ensures the personal link with the ancestors*“[220].

Die Wiederholung bestimmter Worte an einem bestimmten Ort ruft so Macht ins Leben. Der richtige Ort ist entscheidend:

> „Actions and songs are not determined solely by the totem animal but also by the place. One should not say ‚wild cat ceremony‘ but ‚the wild cat ceremony of Ltalaltuma“[221].

> „To appreciate these qualities fully, the reader would have to be familiar with the actual landscape described in each song. Only then would he know which of its sights had been selected and elaborated in verse. Such a comparison between reality and poetical description would throw much light on the mood of the poet himself at the time when he was composing his song“[222].

Theodor Strehlow zitiert in diesem Zusammenhang:

> „Thus were the gods of Greece localised and limited...The earliest Greek chapels were either natural caves or the hollows of decayed trees“[223].

Nachdem er die Verbindung zwischen Poesie, Musik und Land gefunden hatte, sah er in den Liedern den Schlüssel zum Verständnis der Menschen. Er erkannte zugleich, dass nicht zuerst die Wörter die Botschaft vermitteln: Melodie, Rhythmus und Tanz sind wichtiger. In ihnen drücken sich aus Raum und Zeit als Pfeiler menschlicher Existenz. Zentrale Elemente der Gesellschaft lassen sich nicht in Wörter fassen: Die „Reinkarnation“ in Raum und Zeit ist die wichtigste Alternative zum Alphabet[224]; Regeln werden „verkörpert“[225].

Die Lieder gehören einer Person oder einer Gruppe. Diese Treuhänder sind in das Totem des Ortes „hineingeboren“ oder sie haben die „tjurunga“ geerbt, die zu dem Platz gehören.

5. Beipiele

> „A human being thinks in his mother tongue, which is the mirror of his spirit that animates him. And as it is with individuals, so it is with nations: the soul of the people announces itself in the nation's language; a people that loose its language will loose its own soul. Particularly the innermost life of a people, its religious life, pulsates in its language; the mother tongue is the language of prayer“[226].

220 Ibid. S. 165
221 Ibid. S. XVIII
222 Ibid. S. 676
223 Songs (oben Fn. 17) S. 697, dort zitiert nach Gardner/Jevons, Manual of Greek Antiquities, S. 172f.
224 Bruce Chatwin, Alternatives to the Alphabet, 1988, S. 119f,
225 Vgl. Jh 1:14: „*Und das Wort ist Fleisch geworden*“.
226 G. Warneck, Evangelische Missionslehre, Gotha 1897, S. 17, zitiert von Walter F. Veits, Labourers (oben Fn. 27) S. 136

Am Anfang steht die Landschaft. Die unvorhersehbaren Regenfälle und ihre räumliche Verteilung über die Ebene spiegeln sich in „*Wasserträumen*“ [227]:

„Among the rippling waters he sits without a move,
It is Kantjia himself who is sitting without a move.
Moveless like a boulder he is sitting.
On a fissured rockplate he is sitting;
On a rockplate welling with water he is sitting“.

Ein anderes Hauptthema sind Zaubersprüche gegen Verletzung und Krankheit:

„Let him scar the ground as with a stick;
Let him glide along in the snake furrow!

The snake's tail is hissing through the air;
The broad back [of the snake] is hissing through the air.
In the serpent hollow may his head gleam black;
Between his two eyes may his head gleam black!

‚My tail tip is healing without a scar, is healing without a scar;
My mouth is healing without a scar, is healing without a scar.‘
‚My mouth is healing without a scar, is healing without a scar, My mouth is growing whole again, is growing whole again.‘
„My mouth is growing whole again, is growing whole again;
My tail tip is growing whole again, is growing whole again.‘
In hiss snake furrow let him his through the air;
Let his broad back hiss through the air!“[228].

Andere Gesänge beschwören den Schutz vor Schlangenbissen als allgegenwärtiger Gefahr:

„May the serpent turn back and it coils be utterly broken!

May they be utterly broken!
May the serpent's coils be shivered into many pieces!

May they be shivered into many pieces!
May the serpent's coils be cast out utterly!

May they be cast out utterly!
May it [the snake] be broken and split into many pieces“[229].

Überaus berühmt ist das Kangaroo Lied:

„Crunching their food in their mouths, –
While feeding they smack their lips noisily.

Grinding their foot in their mouths, –
While feeding they smack their lips noisily.

227 Cf. Ruark Lewis, Disguisement, in: Strehlow Conference 2002 (oben Fn. 39) S. 191
228 Songs (oben Fn. 17) S. 254
229 Ibid. S. 257f.

He white-whiskered ones
While feeding smack their lips noisily.

....

The crooked woman
Draws him down upon an underspread of leaves.

On the fallen leaves he grips her tightly,
Interlocked with her he rises“[230].

Wenn man auch nur ein Wort dieser Lieder ändert, verlieren sie ihre magische Kraft, begeht man zudem ein Sakrileg[231]: Heiliges Ritual und heiliger Rhythmus wirken zusammen; sie sind entscheidend[232]. Die Gesänge lassen Ordnungsmuster erwachsen aus dem Dreiklang von Volk, Land und Zeichen. Das erinnert an Heiliges Volk, Heiliges Land und Heilige Schrift.

6. Totemische Karte[233]

Die Karte in Theodor Strehlows Buch zeigt die Plätze, von denen die Lieder kommen. Es bestimmt die Orte indes nicht genau sonder nur in groben Umrissen entsprechend den wichtigsten von Strehlow besuchten Gegenden. Die Karte drückt aus, wie sehr er sich mit der Aranda Kultur identifiziert.

7. Ergebnisse

„Die Sprache ist das Haus des Seins“[234].

Die Ergebnisse reichen weit:

„The songs also defined the land owned by the clan. They recounted the stories of the travels made by animal or human ancestors in minute detail and described each place the ancestors visited, thus defining lands and boundaries. Neighbouring groups shared elements of the same mythology, and the songs they owned would extend the journeys of the ancestors across their own land, introducing new totems and describing new events that left their mark on the landscape. The ancestors have remained permanently at the sacred sites and when Aboriginal people visit them, even briefly, they often sing parts of the songs while cleaning or caretaking.

This exceptionally strong relationship with the ancestral heroes and with the landscape forms the basis of all Aboriginal art. Dance, song, ceremony and material arts all combine to form a unified whole, a complete artistic network that articulates the landscape and the

230 Ibid. S. 316, 322

231 Ibid.S. 336

232 Ibid. S. 345

233 Vgl. Bernhard Grossfeld, Geography and Law (oben Fn. 211)

234 Martin Heidegger, 1889-1976

> Dreaming. Traditional Aboriginal culture connects the arts with every feature of religious and daily secular life. At the core of the arts is the Aboriginal ceremonial life. Music, dance, song and paintings were each part of the same process of constantly connecting the life of the people with the Dreaming"[235].

V. Broken Song

1. Kritische Urteile[236]

Theodor Strehlow wurde mit seinem Buch nicht glücklich. Man rügte, dass er die Aborigines zu hoch stelle, weil er sie als beispielhafte Menschen „predige". Man kritisierte, dass er intime Geheimnisse verrate; er verletze indiskret „moralische Urheberrechte" an den Liedern und Ritualen[237]. 1975 wurde auf dem Campus der Universität Adelaide folgendes Gedicht verbreitet:

> „What have you done, Professor Strehlow
> To promote the tribal fellow.
> You took from him his sacred past
> Did you give him something to last?
> We see no Professor, Doctor or credit,
> Only a passing word, in his merit"[238].

Eine Besprechung im Times Literary Supplement 1972 verwarf seine poetische Sicht. Der anonyme Autor meinte, dass *„the reader is compelled to pick out the Aranda material in the fog of the author's Grand Theory about the origins of poetry*"[239].

Das Ergebnis war so:

> „Songs of Central Autralia tell us something of the creativity and intellectual achievements of the Aranda's forebears but little of quality of their lives, which poetry is surely intended to reflect and enhance. It is essentially a shallow and sadly unrewarding account, which reflects nos so much the austerity and efficiency of the Aranda's subsistence economy in a harsh environment as the verbal extravagances of their religious superstructures"[240].

Das war für Strehlow *„a shocking emotional blow*"[241].

[235] Jennifer Isaacs, Australia's (oben Fn. 68) S. 10

[236] Zu vielen Einzelheiten siehe John Morton, Strehlow, http://www.clc.org.au/ourculture/strehlow.asp

[237] Hart Cohen, The Culture of Property: Indigenous Images and Moral Rights in a Digital World, in: Strehlow Conference 2002 (oben Fn. 39) S. 158

[238] Barry Hill, Broken Song (oben Fn. 74) S. 715

[239] Zitiert nach ibid. S. 693

[240] Ibid. S. 694f.

[241] Zitiert nach ibid. S. 695

2. *„Stern" Skandal*[242]

1978 erhielt Theodor Strehlow seinen k.o.-Schlag durch einen bebilderten Artikel im „Stern" – nur wenige Monate vor seinem Tod. Er hatte Photos von Ritualen und „tjurunga" an den „Stern" verkauft; dieser gab der australischen Zeitschrift „People" das Recht zum Nachdruck. „Ganz" Australien empörte sich.

Strehlow hatte dem „Stern" das Material für 6.000 $ überlassen als „bildhafte Anthropologie"[243]. Der Artikel wirkte sensationell durch Enthüllungen über das *„wilde Steinzeitleben"* der Aranda und deren heiligen Orte. Ohne Strehlows Wissen übernahm die australische Zeitschrift „People" die Bilder unter der Überschrift „Heilige Geheimnisse enthüllt". Die Aranda sahen darin einen Betrug an ihnen und den Informanten. Theodor Strehlow traf das vernichtend[244].

Er hatte die Publikation gewollt, weil der „Stern" eine deutsche Zeitschrift war und Deutschland die Heimat seiner Eltern – die mit der Forschung begonnen hatten. Nur dort hatte man bisher die Leistung seines Vaters anerkannt. Er sah in dem Artikel ein Denkmal für seine Eltern und für ihr gemeinsames Mühen.

Der „Stern" stellte klar, dass Strehlow nichts zu tun habe mit der Form des Beitrags und mit der Weitergabe an „People". „Stern" entschuldigte sich, „People" zog die Nummer zurück[245]. Aber Strehlows Ruf war und blieb vernichtet.

VI. Das Ende

Am 2. August 1978 schrieb Theodor Strehlow in sein Tagebuch:

> „I am an impoverished man on the scrap heap, with my enemies rushing in for the kill. I am tired. I want to hear nothing more about aboriginal songs, ceremonies, laws, and other things. Now when my good name is being attacked"[246].

242 Simone Kaiser, „The Stern Case", in: Strehlow Conference 2002 (oben Fn. 39) S. 66. Siehe dazu Google: News Analysis and Comment. The Strehlow Collection – Part 2, Brett Galt-Smith, ArtHub Australia

243 Hart Cohen/Shane Hersey, Visualising Anthropology: Ethnography Documentary and the Films of T.G.H. Strehlow, in: Strehlow Conference 2002 (oben Fn. 39) S. 177

244 Barry Hill, Broken Song (oben Fn. 74) S. 751

245 Hart Cohen, The Culture of Property: Indigenous Images and Moral Rights in a Digital World, in: Strehlow Conference 2002 (oben Fn. 107) S. 171

246 Quoted from Simone Kaiser, The Stern (oben Fn. 242) S. 72

Am Ende seines Lebens war er verbittert über den Mangel an Anerkennung. Seine Tochter Shirley sprach von *„his own fame or infamy!“*[247] Theodor Strehlow starb am 3. Oktober 1978 mit gebrochenem Herzen. Seine letzten Wörter waren in Aranda. Seine Asche wurde zerstreut unter einem Eichenbaum in der Steppe am Finke River nahe Hermannsburg; nach dahin hatte er immer zurückgewollt.

Heute vergleicht Richard Kimber Strehlow mit dem Verfasser des „Beowulf“, der *„gave gold to language“*[248]. Gaven Breen sagt:

> „I want first to acknowledge the huge contribution T.G.H. Strehlow made, and will continue to make posthumously, to Central Australian anthropology and linguistics. His notebooks contain material for whole scholarly careers“[249].

M. ERBE DER STREHLOWS

> „For the harmony of the world is made manifest in Form and Number, and the heart and soul and all poetry of Natural Philosophy are embodied in the concept of mathematical beauty“[250].

I. Ordnungssicht

Carl und Theodor Strehlow leisteten durch ihr Werk einen wesentlichen Beitrag zum Fortleben der Aranda Kultur[251]. Sie öffneten die Augen der weißen Australier für die Spuren und Zeichen, die die „Wildnis“ in eine Kulturlandschaft verwandelten. Bis dahin hatten die europäischen Einwanderer die ihnen fremden Hinweise auf Eigentümer und Eigentum verkannt. Daher nahmen sie an, dass das Land niemandem „gehöre“, dass es – gemäß der damaligen einhelligen Rechtsmeinung – *„terra nullius“* sei[252]:

> „White people just came up blind, bumping into everything. And put the flag; put the flag“[253].

Die Strehlows brachen mit dieser einseitigen Sicht und versuchten, die Schlucht zwischen den Kulturen zu überbrücken. Sie zeigten, dass Australien schon

[247] Shirley Crawley (née Strehlow), Bertha Strehlow (oben Fn. 177) S. 106

[248] Richard Kimber, Iriakura, Kobarinja and T.G.H. Strehlow, in: Strehlow Conference 2002 (oben Fn. 39) S. 83

[249] Gavan Breen, The Ingkarte's Ear: A Preliminary Evaluation of T.G.H. Strehlow's Hearing and Writing of Aboriginal Languages, in: Strehlow Conference 2002 (oben Fn. 39) S.52

[250] D'Arcy Wentworth Thompson, 1860-1948, On Growth and Form, 1917

[251] Commonwealth of Australia Gazette, no. S 56, Thursday, 13 April 2006, S.

[252] Deborah Bird Rose, Nourishing Terrains (oben Fn. 213) S. 17

[253] Ibid. S 18

lange durchwandert und benannt war, dass die Plätze durch Lieder, Tänze und Zeichungen bestimmt, dass die Sagen und Legenden dazu weitergegeben waren über sehr viele Generationen hinweg. „*Nothing is nothing*": Alles hat seinen Ursprung in der Erschaffung der Welt durch Wesen, die sich unserem Verständnis entziehen[254].

Die „Dokumente" der Aborigines gelten als so gefühlsbeladen-kostbar, dass sie geheim und von der öffentlichen Diskussion fern gehalten werden. Das Wissen darum ist an einen Ort gebunden und gehört den Menschen in der jeweiligen Landschaft; es drückt Gefühlsbindungen aus und ist kulturelles geistiges Eigentum, das anderen nicht zugänglich ist. Das führt zu einem rechtsethischen Dilemma bei der Durchsetzung von politischen und rechtlichen Zielen aber auch bei rechtsvergleichendem Bemühen.

II. Dreaming

Dieses Schweben zwischen „Tag und Traum" oder besser „Traum und Tag" drückt sich aus im Wort „Dreaming"; es meint zugleich „Geschichte" („Erzählung") und Traum, verbindet zeitlos „hier, heute und immer".

> „All the things on Earth we see a part human. This is told through the ideas of dreaming. By dreaming we mean the belief, that long ago these creatures started human society. These creatures, these great creatures are just as much alive today as they were in the beginning. They are everlasting and will never die. They are always part of the land and nature as we are. Our connection to all things natural is spiritual"[255].

Für die Aborigines ist „Dreaming" das geltende Recht:

> „This Law is the way we live, our rules. This Law is our ceremonies, our songs, our stories; all of these things came from the Dreaming. ... Our Law is not like European Law which is always changing...; but our Law cannot change, we did not make it. The Law was made by the Dreamings many, many years ago and given to our ancestors and they gave it to us...It was these Dreamings that made our Law. All things in our country have Law, they have ceremony and song, and they have people who are related to them"[256].

> „Dances, designs, stories, and songs are all formats for storing information and for displaying it in ceremonial and educational settings. The subjects of these are usually narrative describing how ancestral figures create and recreate the land and its resources. This occurs in a special form of time/space which is translated as ‚the dreaming'. The sum of these stories is called ‚the law'"[257].

[254] Ibid. S. 3
[255] Zitiert von ibid.
[256] Ibid. S.27
[257] Ibid. S. 2

N. THEODOR STREHLOW RESEARCH CENTRE[258]

Theodor Strehlows Sammlung ritueller Objekte (fast möchte man „Reliquien" sagen) ist heute im Strehlow Research Centre in Alice Springs. Es soll fördern das Wissen über und das Verständnis für die Aborigines Kultur; zugleich soll es Theodor Strehlow ehren[259]. Die schwierige Balance zwischen beiden Polen erkennt man an der Benutzungsordnung vom März 2006:

> „Prospective users of the collection should not that much of the film, sound recordings and archival materials concern Aboriginal men's sacred and secret ceremonies. This material remains significant and sensitive to the Aboriginal community in Central Australia. Public release or display of some elements of the Strehlow Collection has the potential to cause distress or offences to the community.
>
> Other elements of the collection, such as genealogical records, relate to individuals and families alive today. Researcher access to such materials may be limited by the need to protect individual privacy.
>
> Research access to any part of the Strehlow collection is ultimately at the discretion of the Strehlow Centre Board. The Board will take into account the sensitivity of the material involved, and the wishes and views of the Traditional Custodians of that material, in making a determination on access".

Theodor Strehlows Tochter Shirley klagt:

> „[The divorce] resulted in all his personal documents being handed over, after is death, to the Strehlow Research Centre without discrimination and without any liaison with us three children. The effect has been that we had to gain permission to view this documentation at the Centre...It has also resulted in none of us three children having a copy of our father's priceless and now unobtainable masterpiece ‚Songs of Central Australia'. While I acknowledge that this has been the result of break-up of my parents' marriage, it has still been very painful to live with"[260].

Der Kampf um das Erbe setzt sich fort. Im Jahre 2002 plante Carl Strehlow Jr. den Verkauf von einigen heiligen Gegenständen. Die Regierung von Süd Australien drang in sein Haus ein, beschlagnahmte einige hundert Gegenstände und stellte sie sicher in einem tresorähnlichen Raum im Research Centre. 2006 bat Carl Strehlow Jr. die Regierung um Erlaubnis, 265 solcher Gegenstände für 6.5 Mill. $ zu verkaufen. Nach bitteren Auseinandersetzungen übergab er sie der Regierung; die künftige Entwicklung scheint ungewiss.

[258] Vicky Humphrey, 6,762 and Counting... The Preservation of the Strehlow Diaries and Genealogies, in: Strehlow Conference 2002 (oben Fn. 39) S. 184; Brett Galt-Smith, The Strehlow Collection – Part 1 (oben Fn. 242)

[259] Vgl. http://www.clc.org.au/ourculture/strehlow.asp

[260] Shirley Crawley, Bertha Strehlow (oben Fn. 177) S. 107

O. MODERNES LANDRECHT[261].

„It is a strange thought that all is finished here now. Whenever I look at the ceremonial site, I still expect to see some totemic ancestor coming forward. It is hard to realize that that whole world is finished, and will never come back“[262].

„The lion sleeps in the sun.
Its nose is on its paws.
It can kill a man“[263].

I. Leistung

Die überragende Leistung der beiden Pioniere zeigte sich Anfang der siebziger Jahre des vorigen Jahrhunderts, als Angestellte der Finke River Mission das Land der Aborigines kartierten:

„All boundaries were established to the satisfaction of all Aborigines concerned by means of reference to each local descent group's tjurunga“[264].

II. Rechtslage

1978 erging der Northern Territory Aboriginal Land Rights Act; er ließ Lieder und Rituale als Beweismittel für Eigentumsrechte der Ureinwohner zu. Jetzt wurden sie Grundlage von Ansprüchen auf Land[265]. 1992 fällte der High Court of Australia, Australiens oberstes Gericht, das umwälzende Mabo Urteil[266]. Es verwarf endgültig für ganz Australien die terra nullius – Lehre und erklärte:

„The Meriam people are entitled as against the whole world to possession, occupation, use and enjoyment of the lands of the Murray Islands“[267].

„Native title has its origin in and is given its content by the traditional laws acknowledged by and the traditional customs observed by the indigenous inhabitants of a territory. The nature and incidents of native title must be ascertained as a matter of fact by reference to those laws and customs“[268].

261 Vera Böcker, Gesellschaft im Wandel: Die neuen Landrechte der Ureinwohner Australiens, Münster 2002

262 Songs (oben Fn. 17) S. XLXI

263 Wallace Stevens, Poetry Is a Destructive Force

264 Paul G. E. Albrecht, Friedrich Wilhelm Albrecht (oben Fn. 55) S. 114

265 Grace Koch, Aboriginal Songs (oben Fn. 56) S. 24

266 Mabo and Others v. The State of Queensland [Nr.2] (1992) 175 Commonwealth L. Rep. 1. Dazu umfassend Lutz Münnich, Landrechte der Ureinwohner Australiens, Münster 1996. Vgl. Richard L. Calderone, Precedent in Operation: A Comparision of the Judicial House of Lords and the US Supreme Court, Public Law 759 (2004)

267 S. 217

268 Mabo v. The State of Queensland, 175 Commonwealth L. Rev. 1, 100 (1992) – Mabo 2

Die Gerichte beziehen sich bei Landrechten ausdrücklich auf die Verbindungen zwischen Gesängen und Land. Sie beachten den Glauben, dass z. B. ein Ort als „snake-dreaming site"[269] gilt, wo die Wanderung der Vorfahren in ihren „mythic lives" begann:

> „If the cycle of song were broken...they would all suffer some loss of tradition. It was the Yawuru who had had responsibility for maintaining the integrity of this particular aspect of the song cycle"[270].

Dem folgend beschloss das australische Parlament den Native Title Act 1993. Dieser Act erkennt Aborigines Rechte allgemein an: Er betont die besondere Natur der traditionellen Sichten und weist Eigentum zu gemäß den örtlichen Vorstellungen. Er bestätigt zugleich in der Zwischenzeit eingetretene Veränderungen. Das Gesetz bestimmt, wie Aborigines Rechte ermittelt werden, und regelt künftige Beeinträchtigungen[271]. Das Gesetz wurde 1998 überarbeitet.

Der High Court bestätigte die Aborigines Rechte, z. B. Weiderechte, im Wik Fall[272]. Es ist jetzt klar, dass sie erwachsen aus den traditionellen Regeln und Gewohnheiten[273]. Das ist sehr wichtig auch bei Bodenschätzen: Es geht um große Summen.

III. Charakter

Im Ward Fall stellte der High Court fest: „*The connection with the country ... is essentially spiritual*", ist eine „religious relationship". Alle Einzelheiten sind „*organic parts of one indissoluble whole*"[274].

Richter R. French erklärte das mit dem Zitat eines Ureinwohners so:

> „Galarrwuy wrote of these traditions in 1976 in his ‚Letter from Black to White':
>
> ‚The land is the art. I can paint, dance, create and sing as my ancestors did before me. My people recorded these songs about our land, so that I and all others like me may do the same.

[269] Schon kurze Besuche in den „outbacks" Zentral-Australiens zeigen die große Rolle von Schlangen (oft giftigen). Sie bestimmen das Leben der Kinder und zeigen, was sicher und was gefährlich ist. Kinder müssen zuerst auf die Erde schauen und die Eigenart und das Verhalten der jeweiligen Schlangenart lernen.

[270] Minister for Aboriginal and Torres Strait Islander Affairs v. Western Australia, 149 Australian L. Rep. 78, 85 (1996)

[271] Aboriginal and Torres Strait Islander Commission, Aboriginal and Torres Strait Islander Peoples and Australia's Obligation under the United Nations, June 2000, p. 10ss.

[272] Wik peoples v. Queensland (1996) 187 CLR 1

[273] Sect. 223

[274] Western Australia v. Ward, 191 Australian L. Rep. 1, 15 (High Court of Australia 2002). Dazu Federal Court of Australia, Minister for Aboriginal and Torres Strait Islander Affairs v. Western Australia, 149 Australian L. Rep. 78 (1996)

> I think of the land as the history of my nation. It tells us how we came into being and what system we must now live...My land is my foundation...Without land I am nothing.' The Rules of the Federal Court provide for evidence in native title proceedings to be given ‚by way of singing, dancing, story telling or in any other way"[275].

IV. Wandel

Bald ergab sich, dass die „Karten" ungewöhnlich detailreich sind; die Grenzen sind jeder Gruppe bekannt und stimmen überein[276]. Das erstaunt angesichts der vielen sehr unterschiedlichen Sprachen.

Der Wandel ist dramatisch:

> „A decade ago, very few [of the judiciary] would have had other than the most rudimentary understanding of the traditional laws and customs of the indigenous people of this country. This is a profound change. I mean, what [the Courts] are doing is understanding part of the history of Australia, a part of which we were virtually ignorant"[277].

Die Veränderung erweist sich an dem erwähnten Mount Olga: 1993 wurde daraus Mount Olga/Katja Tjuta, 2002 Katja Tjuta/Mount Olga. Der weltberühmte Ayers Rock heißt jetzt Uluru.

P. MÜNDLICHE LANDREGISTER

Die „Lieder" sind heute gesungene „Grundregister". Sie ermöglichen es, Rechte auf und an Land geltend zu machen[278]:

> „Lists of important sites form one of the most significant types of evidence for native-title claims. Songs in series describe the activities of the Dreamtime ancestor at each site, and Aboriginal claimants use the songs as mnemonic to guide them from place to place. The travels of an ancestral spirit can be plotted on a map by following the sites connected with the songs. Clusters of sites determine the country of each claimant group. During a land claim hearing the Land Commissioner may travel to sites with the claimants, and the proper songs for each site may be sung"[279].

Nachdem die Aborigines sesshaft geworden waren und ihnen Geld aus Bodenschätzen zufloss, wurde die Versuchung Alkohol, zu Spiel und Wette

275 Zitiert nach Louise Anderson, The Law (oben Fn. 63) S. 130

276 John Strehlow, Reappraising (oben Fn. 133) S. 71

277 Michael Black, CJ Federal Court, zitiert nach Louise Anderson, The Law (oben Fn. 63) 120, 136

278 Ken Hale, Remarks on Creativity in Aboriginal Verse, in: Problems & Solutions (Jannie C. Kassler/Jill Stubbington, Hrsg.), Sydney 1984, S. 254

279 Grace Koch, Aboriginal songs (oben Fn. 56) S. 24. Vgl. Louise Anderson, The Law and the Desert, (oben Fn. 63)

groß[280]. Aber in den von Aborigines bewohnten Gebieten kam es zu einer Rückkehr zum Land. Damit erwuchsen aufs Neue die tradionellen Zeremonien von „Leben und Ordnung".

„Le chaland glisse sans treve sous l'eau de satin,
Où s'en va-t-il, vers quel reve, vers quell incertain du destin?
...[L]e courant fait de nous toujours des errants..."[281]

Q. PIONIERE

„Was bleibet aber, stiften die Dichter"[282].

Am Eingang des Ausstellungszentrums im „Alice Springs Desert Parc" lesen wir:

„Since time immemorial the area of the Alice Springs Desert Park has been occupied by the Arrente people under an orderly and mutually recognized system of government and laws by which they live and define their relationship with the land and their environment".

Wo wären die Aborigines heute ohne die Pioniere von Hermannsburg (Hannover) und Niederdettelsau (Franken), ohne „Treuhänder" wie Carl und Theodor Strehlow? Beide Forscher kamen aus sehr anderen geographischen und semiotischen Prägungen, aber sie halfen, die Lieder (ihre Texte und Melodien) zu bewahren; sie verhinderten mit, dass die Tradition abbrach. Ihre Zuwendung und ihre Erforschung der Aranda Kultur wurden lebenserhaltend für die Landrechte der Aborigines und für deren Durchsetzung in der Moderne.

Angesichts ihres schweren Schicksals schießt mir durch den Kopf das Gedicht von Ogden Nash (1902-1972) „*Columbus*". Es erinnert daran, dass Columbus Amerika entdeckte, der Kontinent aber benannt wurde nach Amerigo Vespucci, der nie dort war:

„So the sad fate of Columbus ought to be pointed out
to every child and every voter,
Because it has a very important moral, which is,
Don't be a discoverer, be a promoter"[283].

[280] Earnest Hunter, Aboriginal Health and History, Cambridge 1993, S. 241ff.

[281] Französisches Volkslied aus den dreißiger Jahren des vorigen Jahrhunderts. Zitiert nach Vivian Grosswald Curran, Re-Membering Law in the Internationalized World, Hofstra L. Rev. 11 (2005) 93: „The barge slides without cease beneath the water of satin,/Where is it headed, towards which dream, which uncertainty of fate?/...The current always transforms us into wanderers..." (übersetzt ibid. Fn. 1)

[282] Friedrich Hoelderlin, 1770-1843, Andenken

[283] Zum Hintergrund siehe Daniel Damler, Pars pro toto. Die juristische Erfindung der Entdeckung Amerikas, in: Zeitsprünge. Forschungen zur Frühen Neuzeit 10 (2006) Heft 3 u. 4, S. 424

R. MACHT DER POESIE

„All cognition starts with pre-judgements based in our language and culture“[284].

Der Dichterjurist Johann Wolfgang von Goethe meinte: *„Ohne Poesie lässt sich nicht in der Welt wirken. Poesie aber ist Märchen“*. Gehen wir dafür zurück an den Anfang des modernen australischen Landrechts: Die Poesie öffnete den Weg in die Zukunft:

„People
A race of people who rose with the sun,
As strong as the sun they had laws,
Traditions, co-existing with nature.

The cycle of the sun is likened to the life of man;
The snake is said to bite when the sun is at its most powerful zenith.
The snake has already bitten[285].
When the snake bites the sun,
The clan, the man, the sun,
Must sink cooling to its inevitable settings,
Yet, it is said, the sun will rise again“[286].

Dieser „sunrise“ könnte überwirken in das moderne Rechtsverständnis allgemein, wie es Theodor Strehlow ahnte:

„It is my belief that when the strong web of future Australian verse comes to be woven, probably some of its strands will be found to be poetic threads spun on the Stone Age hair-spindles of Central Australia“[287].

Das Dreaming scheint den heutigen australischen „Buchstaben des Gesetzes“ zu färben. Das deutet an die große australische Dichterin Margie Cronin:

„The Law of Books
is subordinated to the law
of the text in blood
a text which speaks
your mouth full of bones
your mouth of exposed bones
what we wish
to keep among us
what we wish
to send among us
and all the time
it seems like gathering

284 Walter F. Veit, Social Anthropology (oben Fn. 99) S. 107

285 Die Weißen galten als *„venomous snakes“*

286 Aborigines Text, poetische Form von Andrew Huntley, zitiert von Jennifer Isaacs, 40,000 Years of Aboriginal History, French Forest, NSW, 2005, S. 294

287 Songs (oben Fn. 17) S. 729

and as if it is never too far
to go for beauty

yet even as we achieve silence
and lay our words down in it
the sound is still there
pursuing our lips
to get back in
to get back in and find
our throats our chests
our brains its house
you think it's the story you tell
but it is really the dream
pulling you into
its mouth"[288].

Menschliche Universalien begegnen einander[289]. Ich erinnere noch einmal an Jakob Grimm: Er sah in Poesie und Recht *„eine unauscheidliche Mischung himmlischer und irdischer Stoffe"*[290]. Recht ist auch bei uns in weiten Teilen „verborgene Theologie" (man denke nur an das mittelalterliche „unus Deus, una veritas"[291] oder an die Siebentagewoche[292]).

S. SCHLUSS

„It is he bard who alone survives the storm, and he survives by the knack of singing"[293].

In der Rechtsvergleichung können wir nie vermeiden, dass unsere eigenen Erfahrungen das Ergebnis „färben". Die Sicht des Beobachters und sein Lebenshintergrund verfälschen zum Teil das Ergebnis, sie erleichtern aber auch eine einfühlende Betrachtung, ein zu einander Finden[294].

Vor mehr als hundert Jahren begann ein großes rechtsvergleichendes Erlebnis in Zentral Australien. Man hielt es zunächst für das Hobby eines „naiven" lutherischen Missionars. Aber es wuchs beharrlich und veränderte endlich die Rechtslandschaft des Kontinents. Eine Lehre in „Geographie und Recht"[295]

288 MTC Cronin, Selected Poems, Cardozo J. of L. and Literature 13 (2001) 137

289 Vgl. David Mellinkoff, The Language of the Law, Boston/Toronto 1963, S. 41-45a

290 Jakob Grimm, Von der Poesie im Recht, Zeitschrift für geschichtliche Rechtswissenschaft 2 (1816) 25, 27

291 Augustinus, 354-420, De vera religione liber unus 11:21

292 Gen. 2:3, Ex. 20:8-11

293 Shulamit Almog, Windows and ‚Windows' (oben Fn. 16) S. 780

294 Louis J. Goldberg, Expanding the Narrative: The Grand Compulsion of a Storytelling, J. of Contemporary Legal Issues 6 (1995) 281, 286

295 Vgl. Bernhard Großfeld/Marion Welp, Adolf Bastian und die Geographie im Recht, Rechtstheorie 25 (1994) 503

und in „rechsvergleichender Zeichenkunde"! Anthropologie, Poesie, Musik und Recht kamen zusammen und errichteten eine neue Zukunft. Es war indes eine bittere Begegnung – für beide Seiten.

In der Rechtsvergleichung begegnen wir Ordnungsuniversalien[296]. Wir mögen daraus lernen, dass wir Juristen Versmaß und Musik bei allem „Syllogismus" pflegen sollten, damit unsere „Stimme" nicht untergeht im Medium der Wörter *„als gerechte Strafe"*[297]. Die Rechtsvergleichung erweist die Jurisprudenz nach wie vor als Abenteuer, dass wir nur mit allen Sinnen bestehen können (sensitive Jurisprudenz). Sie ermutigt uns, das anthropologische und interkulturelle Umfeld einzubeziehen[298]. Die Globalisierung fordert uns dazu heraus und bietet dazu Chancen. Doch müssen wir manches andere abbauen, wenn wir die internationale/interkulturelle Geltung unseres Rechtes bewahren wollen[299]. Dabei geht es auch um wirtschaftliche und berufliche Fragen für die Zukunft der jungen Menschen, die uns als Professoren anvertraut sind[300].

[296] Vgl. David Mellinkoff, The Language of the Law, Boston/Toronto 1963, S. 41-45

[297] Marie Theres Fögen, Das Lied (oben Fn. 21), S. 131

[298] Vgl. Transnational Legal Education, J. of Legal Education 56 (2006) 477

[299] Bernhard Großfeld, Die Augen der Studenten: Jurastudium zwischen Lokalisierung und Globalisierung, in: FS Erik Jayme, Bd. 2, München 2004, S. 1103

[300] Corinna Budras, Mit gutem Recht, FAZ 14.5.2008 Nr. 111, S. 9

Veröffentlichungen der Nordrhein-Westfälischen Akademie der Wissenschaften

Lieferbare Titel

VORTRÄGE GEISTESWISSENSCHAFTEN

382	Wolfgang Frühwald, München **Die Goethe-Rezeption in der deutschsprachigen Exilliteratur** 2002. 29 Seiten, ISBN 3-506-71477-5	€ 8,90/CHF 15,20
383	Karl Reichl, Bonn **Spielmannsidiom, Dialektmischung und Kunstsprache in der mittelenglischen volkstümlichen Epik** 2002. 56 Seiten, 5 s/w-Abb., ISBN 3-506-71478-3	€ 15,90/CHF 27,20
384	Rainer Lengeler, Bonn **Quelle oder Stein des Anstoßes:** ***The Rare Triumphs of Love and Fortune (1589)*** **und Shakespeares** ***Cymbeline*** 2003. 40 Seiten, ISBN 3-506-71485-6	€ 11,90/CHF 20,40
385	Nikolaus Himmelmann, Bonn **Alltag der Götter** 2003. 124 Seiten, 49 s/w-Abb., ISBN 3-506-71484-8	€ 31,90/CHF 54,40
386	Otto Zwierlein, Bonn **Die Wölfin und die Zwillinge in der römischen Historiographie** 2003. 64 Seiten, 9 s/w-Abb., ISBN 3-506-70249-1	€ 19,90/CHF 34,00
387	Franz-Xaver Kaufmann, Bielefeld **Die Entstehung sozialer Grundrechte und die wohlfahrtsstaatliche Entwicklung** 2003. 57 Seiten, ISBN 3-506-71698-0	€ 17,90/CHF 30,60
388	Ludwig Siep, Münster **Hegel und Europa** 2003. 20 Seiten, ISBN 3-506-71699-9	€ 6,90/CHF 11,80
389	Otto Pöggeler, Bochum **Antigone in der deutschen Dichtkunst, Philosophie und Kunst** 2004. 29 Seiten, ISBN 3-506-71776-6	€ 9,90/CHF 16,80
390	Günther Jakobs, Bonn **Staatliche Strafe: Bedeutung und Zweck** 2004. 52 Seiten, ISBN 3-506-71328-0	€ 15,90/CHF 28,50

391 Jürgen C. Jacobs, Wuppertal
Wiedergeburt in Rom. Goethes „Italienische Reise“ als Teil seiner Autobiographie
2004. 28 Seiten,
ISBN 3-506-71341-8 € 7,90/CHF 14,60

392 Stanisław Waltoś, Krakau
Die Abschaffung der Folter im Jahre 1776 in Polen und Litauen
2004. 28 Seiten,
ISBN 3-506-72882-2 € 7,90/CHF 14,60

393 Nikolaus Himmelmann, Bonn
Grundlagen der griechischen Pflanzendarstellung
2005. 108 Seiten, 46 s/w-Abb.,
ISBN 3-506-72897-0 € 28,90/CHF 50,50

394 Rainer Lengeler, Bonn
Derek Walcott. Ein moderner Homer der Karibik
2005. 94 Seiten,
ISBN 3-506-72887-3 € 19,90/ CHF 34,90

395 Karl-Heinz Menke, Bonn
Die Frage nach dem Wesen des Christentums. Eine theologiegeschichtliche Analyse
2005. 90 Seiten,
ISBN 3-506-72888-1 € 14,90/CHF 26,80

396 Fritz Ossenbühl, Bonn
Die deutschen Akademien der Wissenschaften als Körperschaften des öffentlichen Rechts
2005. 36 Seiten,
ISBN 3-506-72894-6 € 10,90/CHF 19,70

397 Symposium „Kontinuität und Wandel in der föderativen Ordnung Deutschlands“
2005. 72 Seiten,
ISBN 3-506-72898-9 € 15,90/CHF 28,50

398 Hartmut Steinecke, Paderborn
Literatur als Gedächtnis der Shoah
2005. 40 Seiten,
ISBN 3-506-72946-2 € 7,90/CHF 14,60

399 Peter Wunderli, Düsseldorf
Die franko-italienische Literatur. Literarische *memoria* und sozio-kultureller Kontext
2005. 64 Seiten,
ISBN 3-506-72947-0 € 14,90/CHF 26,80

400 Bernhard Großfeld, Münster
Poesie und Recht – Rechtsvergleichende Zeichenkunde
2005. 80 Seiten,
ISBN 3-506-72973-X € 18,90/CHF 33,40

401 Theo Kölzer, Bonn
Kaiser Ludwig der Fromme (814-840) im Spiegel seiner Urkunden
2005. 68 Seiten, 1 4C- und 1 s/w-Abb.,
ISBN 3-506-72969-1 € 18,90/CHF 33,40

402 Paul Mikat, Düsseldorf
Konflikt und Loyalität – Bedingungen für die Begegnung von früher Kirche und römischem Imperium
2005. 52 Seiten,
ISBN 3-506-72970-5 € 14,90/ CHF 26,80

403 Wolfgang Frühwald, München
„Das Los des Schönen auf der Erde“. Über Schicksal und Glück im Werke Friedrich Schillers
2005. 28 Seiten,
ISBN 3-506-75681-8 € 7,90/CHF 14,60

404 Karl Reichl, Bonn
Die Anfänge der mittelenglischen, weltlichen Lyrik: Text, Musik, Kontext
2005. 68 Seiten, 5 s/w-Abb.,
ISBN 3-506-75682-6 € 16,90/CHF 30,10

405 Otto Zwierlein, Bonn
Hippolytos und Phaidra: Von Euripides bis D'Annunzio. Mit einem Anhang zum Jansenismus
2006. 79 Seiten, 6 s/w-Abb.,
ISBN 3-506-75694-X € 17,90/CHF 30,60

406 Peter Wunderli, Düsseldorf
Das Franko-Italienische. Eine literarische Mischsprache und ihre Charakteristika
2006. 113 Seiten,
ISBN 978-3-506-75721-0 € 26,90/CHF 45,80

407 Josef Isensee, Bonn
Salus publica – suprema lex? Das Problem des Gemeinwohls in der freiheitlichen Demokratie
2006. 69 Seiten,
ISBN 978-3-506-76339-6 € 16,90/CHF 29,70

408 Martin Honecker, Bonn
Ökumene im 21. Jahrhundert
2007. 31 Seiten, 3 s/w-Abb.,
ISBN 978-3-506-76336-5 € 8,90/CHF 16,30

409 Werner Besch, Bonn
Wege und Irrwege der deutschen Rechtschreibreform von 1998.
Korrekturen des 2004 eingesetzten Rates für deutsche Rechtschreibung
2007. 26 Seiten, 6 s/w-Abb.,
ISBN 978-3-506-76337-2 € 8,90/CHF 16,30

410 Otto Pöggeler, Bonn
Braucht Theologie Philosophie? Von Bultmann und Heidegger bis Voegelin und Assmann
2007. 32 Seiten,
ISBN 978-3-506-76372-3 € 10,90/CHF 19,70

411 Thomas Söding, Wuppertal
Ereignis und Erinnerung. Die Geschichte Jesu im Spiegel der Evangelien
2007. 57 Seiten,
ISBN 978-3-506-76406-5 € 12,90/CHF 23,00

412 Wolfram Hogrebe, Bonn
Von der Hinfälligkeit des Wahren und der Abenteuerlichkeit des Denkers.
Eine Studie zur Philosophie Oskar Beckers
2007. 34 Seiten,
ISBN 978-3-506-76410-2 € 8,90/CHF 16,30

413 Klaus Bergdolt, Köln
Das Auge und die Theologie. Naturwissenschaften und „Perspectiva" an der päpstlichen Kurie in Viterbo (ca. 1260-1285)
2007. 55 Seiten, 3 4C- und 2 s/w-Abb.,
ISBN 978-3-506-76475-1 € 14,90/CHF 26,80

414 Bernhard König, Köln
Petrarcas *Rerum vulgarium fragmenta* als Liederbuch (Canzoniere).
Zum 700. Geburtstag des Dichters am 20. Juli 2004
2007. 33 Seiten, 1 4C- und 1 s/w-Abb.,
ISBN 978-3-506-76477-5 € 8,90/CHF 16,50

415 Karl-Heinz Menke, Bonn
Der Leitgedanke Joseph Ratzingers. Die Verschränkung von vertikaler und horizontaler Inkarnation
2008. 70 Seiten,
ISBN 978-3-506-76567-3 € 14,90/CHF 26,80